フードシステムの革新と業務・加工用野菜

坂　知樹

大学教育出版

フードシステムの革新と
業務・加工用野菜

目　次

序　章　課題と方法 …………………………………………………………………… 9
　第1節　本研究の課題と背景 ……………………………………………………… 9
　第2節　本研究の構成 ……………………………………………………………… 11
　　　1　各章の概要　11
　　　2　課題への接近方法　12

第1章　業務・加工用野菜の特徴と取引の現状 …………………………………… 15
　第1節　業務・加工用野菜の概要 ………………………………………………… 15
　第2節　フードシステムの高度化と業務・加工用野菜の需要増加 ………… 16
　　　1　外食産業の発展　17
　　　2　中食産業の発展　19
　　　3　家族やライフスタイルの変化　22
　第3節　業務・加工用野菜使用の企業における誘因 ………………………… 24
　第4節　原料野菜の特徴 …………………………………………………………… 28
　　　1　品質の特徴　28
　　　2　流通面の比較　31
　　　3　契約取引の概要　32
　第5節　取引の現状 ………………………………………………………………… 35

第2章　産地における業務・加工用野菜の普及に関する現状と課題 ……… 39
　第1節　はじめに …………………………………………………………………… 39
　第2節　業務・加工用野菜契約栽培が産地に与える効果 …………………… 40
　　　1　経営安定効果　40
　　　2　作業軽減効果　42
　　　3　費用軽減効果　43
　第3節　ＪＡ倉敷かさやにおける加工用タマネギの事例分析 …………… 43
　　　1　概　要　43
　　　2　加工用への対応　44
　　　3　契約取引の概要　44
　　　4　ＪＡ倉敷かさやの課題　45
　　　5　カット用と生食用の経済性比較　46
　第4節　ＪＡ岡山におけるカット用キャベツの事例分析 ………………… 47
　　　1　産地の概要　47
　　　2　サラダクラブとの契約取引　47

　　　　3　スピナとの契約取引　51
　　　　4　ＪＡ岡山の課題　52
　　　　5　カット用と生食用の経営性の比較　53
　　第5節　おわりに ………………………………………………………………… 63

第3章　農業協同組合における業務・加工用野菜の
　　　　　　　　　　産地への普及に関する役割 ……………………………… 65
　　第1節　はじめに ………………………………………………………………… 65
　　第2節　業務・加工用への取り組みの意義 …………………………………… 66
　　第3節　農業協同組合が果たすべき産地への普及に関する役割 …………… 67
　　　　1　営農指導事業　67
　　　　2　販売事業　68
　　第4節　ＪＡ三重中央による野菜加工事業への取り組み …………………… 69
　　　　1　ＪＡ三重中央の概要　69
　　　　2　ベジマルファクトリーの概要　70
　　　　3　地元への影響　70
　　　　4　ＪＡが行うことの強み　71
　　　　5　今後の可能性　71
　　第5節　全国農業協同組合連合会による
　　　　　　　　　　流通機能の全国ネットワーク化 ………………………… 72
　　　　1　概　要　72
　　　　2　全農の流通型の分析　74
　　　　3　全農による流通機能の全国化　76

第4章　中間事業者としての卸売業者の販売戦略 ………………………………… 79
　　第1節　はじめに ………………………………………………………………… 79
　　第2節　卸売業者を取り巻く環境の変化 ……………………………………… 80
　　　　1　市場流通をめぐる環境の変化　80
　　　　2　卸売業者における経営環境の変化　80
　　第3節　中間事業者の成り立ちと役割 ………………………………………… 81
　　第4節　生産者と実需者との協働による卸売業者の販売戦略 ……………… 82
　　　　1　浜松ベジタブルの取り組み　82
　　　　2　ＪＡ遠州中央の取り組み　83
　　　　3　浜松ベジタブル、ＪＡ遠州中央、ＲＦの三者による取引　84
　　　　4　浜松ベジタブルの戦略の枠組み　89

第5節　国産業務・加工用野菜の生産・利用拡大に向けた
　　　　　　　　　　　　　　　　　卸売業者の経営戦略 …………… 89
　　　　1　概　要　89
　　　　2　原料野菜の調達　90
　　　　3　原料野菜の国産化　91
　　　　4　国産化に向けた課題の克服　93
　　　　5　原料国産化による経済効果　95
　　　　6　クラカの経営戦略の枠組み　96
　　第6節　卸売業者の経営戦略 ………………………………………… 97
　　第7節　カット野菜業者の食品リサイクルに向けた取り組みと課題 ……… 97
　　　　1　はじめに―課題と方法― …………………………………… 97
　　　　2　食品廃棄の実態と動向 ………………………………………… 99
　　　　3　リサイクル事例の分析 ………………………………………… 103
　　　　4　リサイクルの条件と課題 ……………………………………… 107
　　　　5　おわりに ………………………………………………………… 108

終　章　結　論 ………………………………………………………………… 111
　　第1節　各章の要約 …………………………………………………… 111
　　第2節　フードシステムの高度化に対する野菜販売の戦略 ………… 113

　あとがき ……………………………………………………………………… 115

図表目次

<序　章>
図序-1　家計における食料費の内訳……………………………………………… *10*
図序-2　青果物フードシステムと本研究の課題………………………………… *13*

<第1章>
図1-1　野菜の業務・加工用需要量の変化……………………………………… *17*
図1-2　外食産業の市場規模の推移……………………………………………… *18*
表1-1　惣菜産業の市場規模の推移……………………………………………… *19*
図1-3　コンビニの売上高と店舗数の推移……………………………………… *21*
表1-2　コンビニエンスストアの部門別売上割合……………………………… *21*
表1-3　年齢別コンビニエンスストアの来店者割合…………………………… *22*
表1-4　女子雇用者比率と実質賃金率の変化…………………………………… *22*
図1-4　世帯員数の移り変わり…………………………………………………… *23*
図1-5　34歳以下単身世帯の食料消費支出……………………………………… *23*
図1-6　カットキャベツの価格設定の仕組み…………………………………… *24*
表1-5　業務・加工用野菜と生食用野菜の商品的性格の比較………………… *29*
表1-6　トマトに求められる品質・規格の違い………………………………… *30*
表1-7　キャベツに求められる品質・規格の違い……………………………… *31*
表1-8　契約取引のタイプ別概要と特徴………………………………………… *33*
表1-9　契約価格の決定方式……………………………………………………… *33*
表1-10　契約取引の内容と特徴…………………………………………………… *34*
表1-11　業務・加工用野菜へ出荷している割合………………………………… *35*
表1-12　品目別の出荷団体数……………………………………………………… *36*
表1-13　3年前と比較した出荷動向……………………………………………… *36*
表1-14　産地における出荷体制…………………………………………………… *36*
表1-15　取引先の業種……………………………………………………………… *37*
表1-16　取引先との契約数量……………………………………………………… *37*
表1-17　取引先との契約価格……………………………………………………… *37*
表1-18　業務・加工用需要に占める輸入割合…………………………………… *38*

<第2章>
表2-1　キャベツの市況…………………………………………………………… *41*
表2-2　キャベツの栽培労働別時間……………………………………………… *42*
表2-3　栽培品種の組み合わせ…………………………………………………… *44*
表2-4　タマネギ生産者の経営収支の比較……………………………………… *46*

表2-5	牛窓地区における品種の組み合わせ………………………………	48
図2-1	サラダクラブとの取引手順…………………………………………	50
表2-6	F氏の栽培品目………………………………………………………	51
表2-7	ネオアシスタント順風におけるキャベツの経営収支……………	52
表2-8	契約参加者の年次別変化……………………………………………	53
表2-9	栽培・出荷先別による3タイプの分類……………………………	54
表2-10	生食用に栽培した場合の10a当たり経営費 ……………………	54
図2-2	生食用栽培とカット用栽培の農業所得の比較……………………	56
図2-3	生食用栽培しカット用に出荷する割合別農業所得の比較………	57
図2-4	カット専用栽培と生食用栽培しカット用にも出荷する場合の農業所得の比較 …	58
図2-5	3タイプの農業所得の比較…………………………………………	59
表2-11	3タイプの10a当たり農業所得における有利性の比較 ………	59
表2-12	岡山産のキャベツの年間価格………………………………………	60
表2-13	生食用キャベツ80円／kg時の農業所得の比較…………………	60
図2-6	3タイプの1時間当たり農業所得の比較…………………………	61
表2-14	3タイプの1時間当たり農業所得における有利性の比較………	62
表2-15	生食用キャベツ80円時の1時間当たり農業所得の比較 ………	62

<第3章>

図3-1	ベジマルファクトリーの沿革………………………………………	70
表3-1	業務・加工用原料野菜のおもな契約産地…………………………	73
図3-2	全農による補完的供給体制のイメージ……………………………	74
図3-3	全農をハブとした流通形態…………………………………………	74
図3-4	ハブ機能がない場合の流通形態……………………………………	75

<第4章>

図4-1	野菜の卸売市場経由率………………………………………………	79
図4-2	中間事業者の役割……………………………………………………	81
表4-1	浜松ベジタブルとJA遠州中央の取扱品目、仕入れ量・金額 …	85
表4-2	業務・加工用野菜価格におけるJA遠州中央と他産地との比較 …	85
表4-3	JA遠州中央とJA岡山における業務・加工用キャベツの経営収支の比較 ……	87
図4-3	三者による協働型産地の形成………………………………………	88
表4-4	取扱いタマネギ量の推移……………………………………………	91
表4-5	真備根菜類生産組合の契約数量と出荷量の推移…………………	92
表4-6	因島玉葱生産組合の契約数量と出荷量の推移……………………	93
図4-4	タマネギの産地間リレー……………………………………………	94
表4-7	タマネギ自動皮むき機導入コスト…………………………………	96

表4-8	家庭における1日一人当たり食品使用量および食品ロス量	98
図4-5	家庭での食事の食べ残し（意識調査）	99
表4-9	食品廃棄物の発生過程と分類	101
表4-10	食品関連事業者ごとの再利用の目標と実施率	101
表4-11	イサミ牧場の飼養頭数と種類	104
表4-12	家畜の野菜への嗜好性	106
図4-6	農業の良サイクルモデル	109

序章
課題と方法

第1節　本研究の課題と背景

　近年、野菜消費に対する量的、質的な変化が起きている。野菜消費量は、年々減少しており、農林水産省「食料需給表」によると、日本人一人に1年間で供給される野菜は、1985年の111.7kgをピークに、2011年には91.7kgとなった。質的な変化としては、食の洋風化により、キャベツやトマトなどのサラダ野菜の消費の増加と、大根や白菜など重量野菜の消費の減少がみられる。そして、ライフスタイルの変化などから食の外部化は進展し、外食や中食などへの存在度が増している。それにより、以前は、生産者―農業協同組合―卸売業者―仲卸売業者―小売店のようにシンプルだった野菜の流通経路は多様化し、間に商社、一次加工業者、二次加工業者、外食業者、中食業者など多くの主体が関わるようになった。

　一方で、野菜販売に携わってきた各主体にも変化が起きている。産地では、生産者数の減少や高齢化などにより衰退が懸念されており、卸売業者も市場外流通の増加や卸売市場法の改正などにより厳しい経営環境にある。そのため、新たな野菜販売戦略が求められている。

　こうした傾向の中、カット野菜や冷凍野菜など、野菜を大量に使用する食

品業者にとって扱いやすい形に一次加工された「業務・加工用野菜」の需要は増加している（図序-1）。農林水産政策研究所の調査によると、業務・加工用野菜の多くは輸入によって原料調達されており、家計消費用の国産野菜の割合が98％なのに対して、業務・加工用では68％と低くなっている。しかし、食品製造業者などの実需者は食の安全・安心のため国産野菜に強い関心を持っている。農林水産省が2008年8月に行ったカット業者を含めた食品製造業者等への調査では、54％の業者が「国産野菜の使用量が1年前に比べ増えた」と回答し、81％の実需者が「今後国産を増やしたい」と回答している。また、国も「国産原材料サプライチェーン構築事業」などの補助事業を開始し、業務・加工用野菜の国産化を支援している。よって、これに対応することができれば国産業務用野菜という市場が創出されるとともに、それを強く意識した野菜販売戦略が求められることになる。

業務・加工用は生食用とは求められる品質や規格が異なることがあるため、従来型の生食用（家計消費用）を前提とした生産・供給の延長では不十分である[1]。また販売方法に関しても、食品企業と契約取引を行うなど、新たな対応が必要となる。

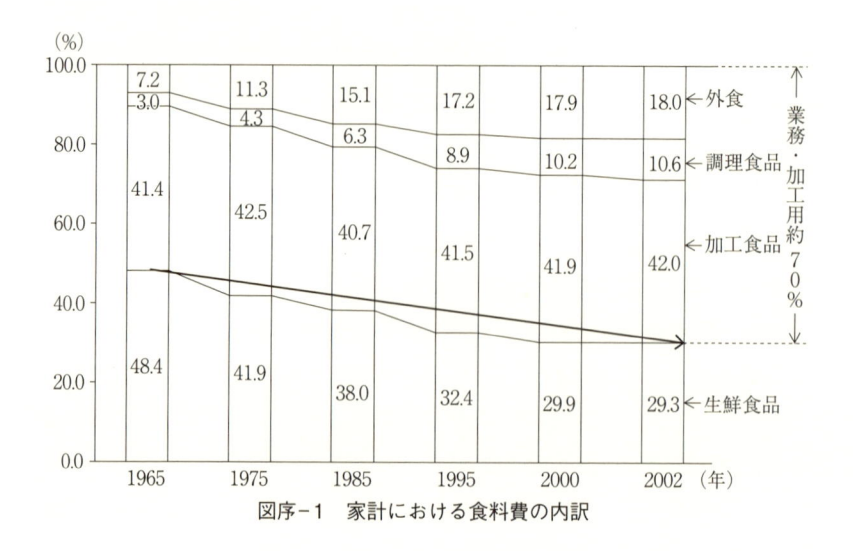

図序-1　家計における食料費の内訳

以上より本研究の課題は、野菜販売に携わってきた産地、農業協同組合（以下、ＪＡ）、卸売業者が、業務・加工用野菜導入を強く意識し、そして今後構築を目指すべき新たな野菜販売戦略について明らかにすることである。

第2節　本研究の構成

1　各章の概要

　以上の課題に対して、本研究では4つの視点からアプローチする。

　第1章では、市場を経由する一般生食用野菜とは、流通や取引方法が異なることから、業務・加工用野菜の特徴を整理していくとともに、業務・加工用野菜の需要が増加している要因について、各種統計資料などを用いて食生活の変化という視点から要因を明らかにする。また、現在、国内で行われている取引の現状について、既存の研究データなどをもとに、その実態と特徴について明らかにする。

　第2章では、業務・加工用野菜に取り組んでいる生産者の現状と課題を明らかにする。業務・加工用野菜への取り組みは徐々に広がってきているが、取り組む産地数の割合は過半数をわずかに超えるにすぎず、野菜販売金額に占める割合も低い。そのため、生産者や産地の実態をとらえた研究蓄積もまだ少ない。そこで、岡山県内にあるＪＡ倉敷かさやと、ＪＡ岡山における取り組みを分析し、その現状と課題を明らかにする。また、当該事例で行われている品目の業務・加工用生産と生食用生産の経営収支の分析を行い、その意義を考察する。

　第3章では、ＪＡグループとして業務・加工用野菜に取り組むことの意義と果たすべき役割について明らかにする。これまでもＪＡは産地において、栽培技術指導や農産物の販売活動など、重要な役割を果たしてきた。そのことからも、業務・加工用野菜の産地への普及については、ＪＡが指導力を発揮することが期待される。よって、以下の3点からアプローチをする。第1に、第2章で取りあげたＪＡ岡山とＪＡ倉敷かさやの対応を参考に、産地に

おけるJAグループに求められる役割を、とくに営農指導事業と販売事業について整序する。第2に、JA三重中央の事例より、JAが原料野菜の生産だけでなく、加工事業まで取り組むことの意義について考察する。第3に、全農による業務・加工用野菜流通の全国ネットワーク化について考察する。

第4章では、岡山県倉敷地方卸売市場で荷受会社として事業展開しているクラカグループと、静岡県浜松中央卸売市場で卸売業者として事業展開している浜松ベジタブルの事例をもとに、卸売業者が販売戦略としてカット野菜事業へ取り組むことへの意義について考察する。青果物の市場経由率は年々低下しており、特に地方卸売市場は経営環境が悪化している。加えて、1994年と2004年に卸売市場法が改正され、市場間の競争は激しくなっている。そうした中で、業務・加工用野菜の取引を円滑に行うために、国は中間事業者の育成を行っている。そこで、中間事業者として活躍している卸売市場の事例分析を通じて、その販売戦略について明らかにする。

2　課題への接近方法

課題への接近方法として、フードシステム学を援用する。フードシステムとは、高橋によると「川上の農漁業から、川中の食品製造業、食品卸売業、川下の食品小売業、外食産業を経て、最終消費者である食生活に至る一連の流れ、すなわち『農』と『食品産業』と『食』とを連結した仕組みを一つのシステムとしてとらえ、それを構成する主体間の関係を明らかにすることを通じて、先のブラックボックスを白日にさらし、もって、今日また将来の農業問題の所在を明らか」にするとしている[2]。

また、論文の大きなテーマである「フードシステムの高度化」とは、次の2点に集約される。すなわち、①野菜消費構造の変化から起こる流通の多様化と、流通主体が増加したこと。②以前は各流通主体間の関係は、モノとカネの一方的な流れであったが、近年ではサプライチェーンではなく、バリューチェーンの構築を目指すように、ヒトや情報など、各主体の間で双方向のやり取りが求められるようになったことである。そこで、野菜生産、加

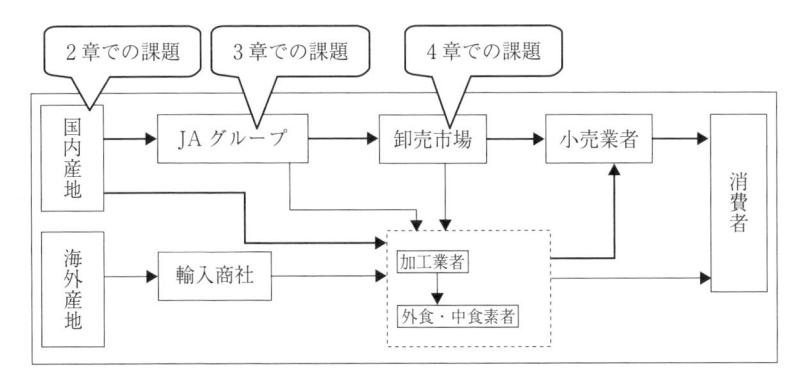

図序-2 青果物フードシステムと本研究の課題
資料：藤島廣二・小林茂典「業務・加工用野菜」農文協、2008年を参考に筆者

工、使用の各段階でどのような取り組みが行われているのか、そして、生産者、加工業者、実需者がそれぞれどのように作用しあっているのかを本研究で解明してゆく。具体的には、第2章では生産者の取り組みを分析する。第3章ではＪＡと全農（中間事業者）の取り組みの分析し、生産者とＪＡと全農の三者がどのように作用しあっているのかを明らかにする。第4章では、卸売業者（中間事業者）の取り組みを分析し、生産者とＪＡと卸売業者と実需者の四者が、どのように作用しあっているのかを明らかにする。さらにフードシステムの出口ともいえる食品残さのリサイクルについて、カット野菜事業を行っている卸売業者の事例を分析する。

これらより、業務・加工用野菜におけるフードシステムの各主体とそれらの関係性を明らかにし、課題へのアプローチとする。

【注】
1) 参考文献6) を参照
2) 参考文献1)、p.iiを参照

【参考文献】
1) 高橋正郎編著「フードシステム学の理論と体系」農林統計協会、2002
2) 藤島廣二・小林茂典「業務・加工用野菜」農文協、2008
3) 農林水産省資料「国際原材料サプライチェーン構築事業」2010

4) 時子山ひろみ・荏開津典生「フードシステムの経済学」医歯薬出版株式会社、2013
5) 高橋正郎「食料経済」理工学社、2005
6) 日本施設園芸協会「加工・業務用野菜需要への取組に向けた品目別・用途別ガイドライン」2008

第1章
業務・加工用野菜の特徴と取引の現状

第1節　業務・加工用野菜の概要

　特徴を捉えるため、まず、業務・加工用野菜の分類を行う。そして、業務加工用野菜の実需者と、原料野菜の生産者から見た特徴を整理する[1]。

　業務・加工用野菜の明確な定義はなく、何らかの手が加えられた野菜という概念的なものである。また、手を加える度合いをみても、缶詰のように比較的高度な加工をされたものから、カット野菜のように野菜を裁断しただけのものまでさまざまである。そこで、業務・加工用野菜の実態を捉えるため、製品形態に着目し、塩蔵野菜、冷凍野菜、トマト加工品、乾燥野菜、その他の加工野菜、の5つのタイプに分類し整理する。

　塩蔵野菜は、保存性を高めるなどの目的で、加熱はせずに食塩又は食塩水に漬けたもの指す。かつては輸入野菜の代表格であったが、近年は健康に気を遣う人が増えたため、2005年から輸入量は減少傾向にある。塩蔵品に加工されるおもな野菜はキュウリ、レンコン、ショウガ、キノコ類である。

　冷凍野菜は、皮をむいたり、使用しやすいようにカットした状態で、加熱処理または加熱処理せずに、野菜を冷凍したものである。塩蔵野菜に代わり、近年、流通量が増えている。冷凍品に加工されるおもな野菜は、ジャガイモ

やサトイモなどのイモ類、エダマメやインゲンなどの豆類、スイートコーン、ブロッコリー、ホウレンソウ、などである。

トマト加工品は、ケチャップや、ピューレ、ジュース、ソース、などである。トマトという、一つの作物の加工品であるが、幅広い需要があるため、輸入量では冷凍野菜に次ぐ多さである（重量ベース）。

乾燥野菜は、保存期間を延ばすため、野菜の水分を取り除いたものである。伝統的にはキノコ類や干ぴょう、切り干しダイコンなどがあるが、フリーズドライ技術の発展により、さまざまな野菜が製品として乾燥野菜にできるようになった。

その他の加工野菜は、カット野菜やジュース、ジャム、スープ、など多岐にわたる。

第2節　フードシステムの高度化と業務・加工用野菜の需要増加

業務・加工用野菜の市場規模が拡大したのは、それをよく利用する中食や外食産業が発展したため、需要が大幅に増加したからである。図1-1は野菜の業務・加工用需要量を表したものである。品目別にみると、ニンジンがその割合を急激に高め、2005年には60％を超えている。トマトやネギも60％を超えており、タマネギやダイコン、サトイモ、ハクサイもそれに近い値を示している。そして品目全体として業務・加工用に使用されるものが55％に達しており、家計用よりも業務・加工用として野菜が多く使用されていることがわかる。カット野菜を含む業務・加工用野菜の需要が増加した要因は、中食や外食産業の発展なので、それらを整理しまとめていく[2]。

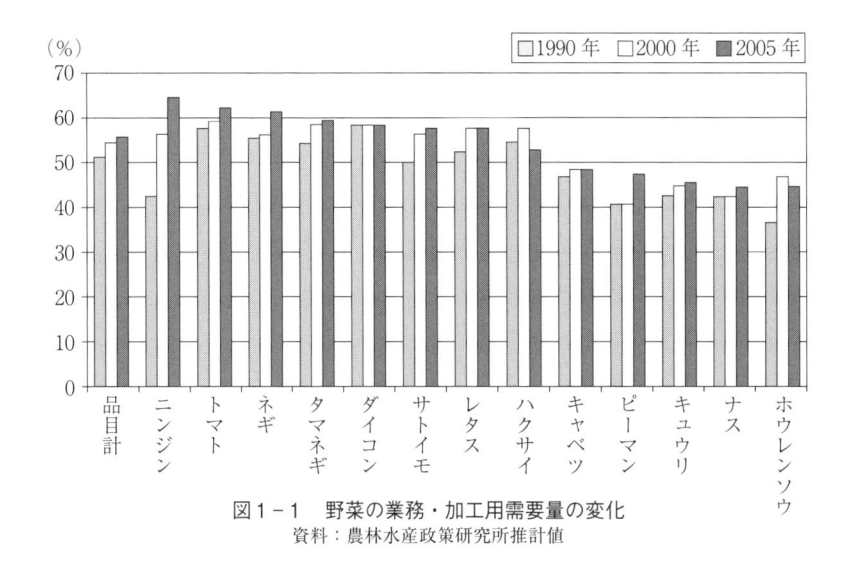

図1-1　野菜の業務・加工用需要量の変化
資料：農林水産政策研究所推計値

1　外食産業の発展

　以前は、食事というものは、家庭で調理を行うことが日常的であり、外食をするというのは、何か特別な行事のような出来事であった。しかし現在では、ファストフード店、ファミリーレストラン、その他飲食店が街には数多く存在し、そこで食事をすることも特別なことではなくなった。外食とは、調理することも食べることも家庭の外で行うことである。財団法人外食産業総合調査研究センターによると、外食産業は大きく給食主体部門と料飲主体部門に分類され、さらに給食主体部門は営業給食（飲食店やホテルでの食事など）と集団給食（学校給食や社員食堂、病院食など）に分けられる。

　それでは、外食産業の発展の様子をみると、市場規模は1977年では11兆円ほどであったのが、1997年には29兆円と、わずか20年で3倍弱に急成長した。その後は経済の悪化から、企業の交際費削減や家計の節約により減少したが、近年は25兆円ほどで安定している。2007年の内訳では営業給食（15兆8,000億円）、集団給食（3兆6,000億円）、合わせて給食主体部門（19兆4,000億円）、そして料飲主体部門（5兆2,000億円）となっている。また、

(億円)

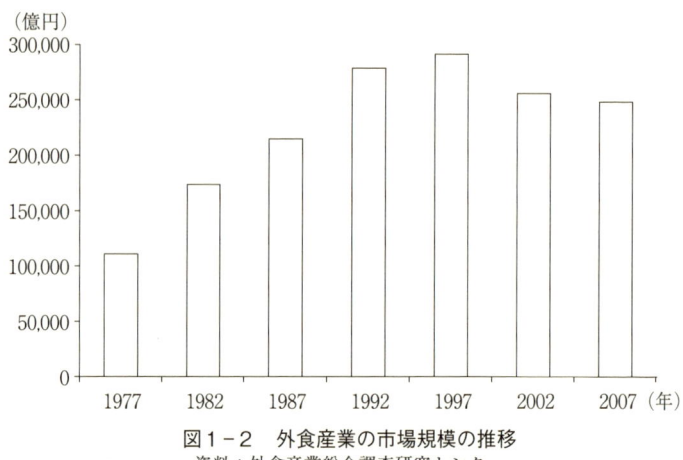

図1-2 外食産業の市場規模の推移
資料：外食産業総合調査研究センター

　日本の最終飲食費は約80兆円とされているので、外食産業はこのうちの約30％を占めている。
　外食産業がこのように発展した要因を3点あげる。第1に、経済の成長があげられる。実質一人当たりのGNPは1970年から1990年までの20年間でほぼ2倍になった。これによって、所得が増加し、外で食事を楽しめるだけの経済的余裕ができた。上の図と照らし合わせてみても、この期間の外食産業の成長率は顕著である。また、この所得の増加の一部を支えたのが女性の社会進出であり、共働きで忙しいため外食を利用する機会が多くなったとも考えられる。
　第2に、こうして夫婦や家族が外食を利用することが多くなったという需要側の状況に応えて、従来の食堂などのイメージとは違ったしゃれた雰囲気を持つ店が登場したことである。特に1969年から資本自由化が行われ、日本の外食市場の発展性に注目したアメリカ資本が相次いで日本に進出した。その例として、1970年にケンタッキーフライドキチン、翌71年にマクドナルドが日本でオープンした。そして、これらはチェーン展開し、料理の味・値段やサービスなどを統一させることで安心して外食を楽しめるようにした。
　第3に、自動車が普及し、郊外の幹線道路沿いのファミリーレストラン利

用を促す大きな要因となった。

しかし、近年の不景気などの影響により外食産業の市場規模は減少傾向にある。その代わりに、新たに市場規模を拡大させているのが中食産業である。

2 中食産業の発展

まず、中食の定義とは、外食と内食の間、つまり調理は外部で行われるが、食事は家や会社の中で行うものであり、弁当や惣菜などである。しかし、ファストフードのハンバーガーなどでは店の中で食べれば外食となり、テイクアウトし家で食べれば中食になるという、非常にあいまいな部分もあるため、外食と厳密に区別することは難しい。

具体例として、惣菜の市場規模の推移を表1-1に示した。惣菜とは「日常の食事の副食物。毎日のおかず」と辞書に載っているが、その範囲はコロッケや豚カツなどのおかずから、ご飯弁当や麺類、調理パンも含まれる。次に、表1-1にある業態の定義を説明する。「専門店、他」とは主に惣菜屋のことを指すが、肉屋のコロッケや唐揚げの売り上げもこれに含まれる。「総合スーパー」とは売り場面積が3,000m²以上（都の特別区及び政令指定都市は6,000m²以上）で、衣・食・住にわたる各商品を小売りし、そのいずれも小売販売額の10％以上70％未満の範囲内にある事業所で、従業者が50

表1-1 惣菜産業の市場規模の推移

業　態	2004年	2005年	2006年	2007年
専 門 店、他	2,783,118	3,007,302	3,106,543	3,140,715
百 　貨　 店	12,885	14,761	15,248	15,736
総合スーパー	884,197	889,492	899,276	929,852
食料品スーパー	1,561,971	1,673,920	1,779,377	1,882,581
コンビニエンスストア	1,947,542	1,994,879	2,012,480	2,026,923
合　　計	7,789,713 (100.0)	7,580,355 (105.4)	7,812,924 (108.7)	7,995,807 (111.2)

資料：(社)日本惣菜協会「惣菜白書」2008年
注1：カッコ内は2004年を100とした場合の指数
　2：2007年は推計値

人以上の事業者をいう。「食料品スーパー」とは売り場面積が250m²以上で、取扱商品のうち食品が70％以上のスーパーである。惣菜市場はバブル崩壊後の不景気にもかかわらず年々増加しており、2007年には8兆円に迫る勢いである。業態別でみると、総合スーパーとコンビニエンスストアでの成長率が鈍化しているものの、そのほかでは順調に売り上げを伸ばしている。

　一般に食の外部化とは、外食と中食を合わせたものであり、中食部分を抜いたものは狭義の外部化と呼ばれる。図1－2と表1－1を比べるとわかるように、近年では外食市場の成長率は低く、惣菜産業の成長率は高い。つまり、近年の食の外部化の進展とは外食が増えたのではなく、中食の利用が増加したことが分かる。

　次に、中食産業の発展の要因を検証する。第1に、外食に比べて安いということがあげられる。外食では調理、販売の他に飲食場所やホールでの接客サービスなどを提供しなくてはならない。一方、中食では調理と販売のみなので、外食産業に比べ「土地」と「人」など生産要素の投入が少なく、コストを抑えることができる。そして、外食のように一食すべてを提供するのではなく、コロッケやサラダなど一品ずつバラで売られており、自分で作らないものだけを補完的に購入できるということで、食費を抑えることができる。また、外食と違い、自分の好きな場所で食べられることも、中食を利用する要因の1つであろう。

　第2に、コンビニの普及があげられる。日本では1970年代に誕生し、急速に普及していった。図1－3はコンビニの総売上と店舗数を示したものである。1998年から2008年の10年間に店舗数は1万以上増え、売り上げは2兆3,000億円以上伸ばしている。コンビニは駅の近くなど便利な場所に立地していることや、24時間営業していることなどにより利用しやすいこと、そして、弁当や惣菜などのファストフードが充実していることから、中食産業の発展に大きく貢献してきた。表1－2のコンビニにおける部門別売上をみると、弁当や惣菜などに代表されるファストフードは割合を伸ばし続けており、2001年では売り上げ全体の4分の1弱を占めている。そして、表1－

3の来店者の年齢別割合をみると、最も多く来店する年齢は全調査年で16～25歳と変化はないのだが、その割合は低下しており、逆に35歳以上の中高年層の来店は増加傾向にある。中でも1986年に1.7％しかいなかった56歳以上の来店者は、2001年では9.9％とその割合を大きく伸ばしている。

　第3に、家族やライフスタイルの変化があげられ、これが最も大きな要因であると考えられる。女性が社会進出することにより、調理の負担を軽減させるために便利な調理品を購入したり、コンビニをよく利用する単身世帯者が増えたりしたからである。また、女性の社会進出や単身世帯の増加は外食

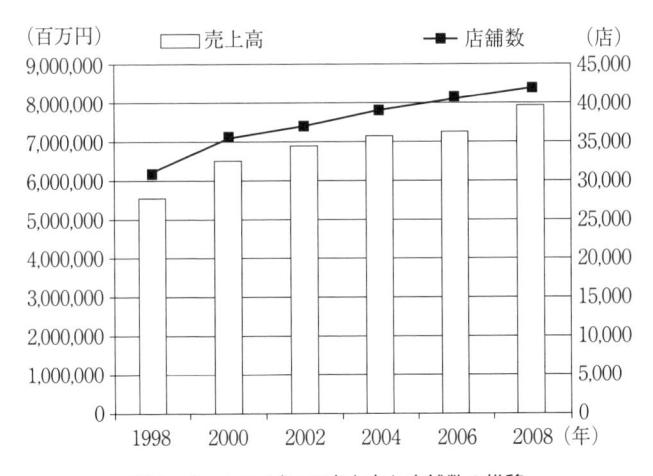

図1-3　コンビニの売上高と店舗数の推移
資料：社団法人 日本フライチャイズチェーン協会「コンビニエンスストア統計時系列データ」

表1-2　コンビニエンスストアの部門別売上割合　　（単位：％）

	酒類	飲料	FFなど	他の食品	雑誌・雑貨	その他	合計
1986年	9.9	-	7.9	67.0	13.1	5.1	100.0
1991年	13.6	9.2	7.9	49.6	18.4	1.3	100.0
1996年	6.8	13.0	16.5	39.8	17.6	6.3	100.0
2001年	6.0	16.2	23.8	30.4	13.3	10.2	100.0

資料：「コンビニ」商業界、2002年4月号

表1-3　年齢別コンビニエンスストアの来店者割合　　　（単位：％）

	～15歳	16～25歳	26～35歳	36～45歳	46～55歳	56歳～
1986年	8.0	61.0	21.0	5.7	2.6	1.7
1991年	6.2	51.4	24.2	9.3	4.9	4.0
1996年	5.4	47.7	23.4	12.5	5.8	5.3
2001年	5.1	45.3	21.2	11.2	7.3	9.9

資料：「コンビニ」商業界、2002年4月号

産業の発展の要因でもある。それでは次に家族やライフスタイルがどのように変化していったのか詳しく検証する。

3　家族やライフスタイルの変化[2]

　第1に、所得が増加したことである。自分で材料を買い調理を行った方が食費は安く抑えられるが、可処分所得が増加したため、食事を外部にアウトソーシングできるようになった。

　第2に、女性の社会進出が進んだことである（表1-4）。これは女性の高学歴化や男女共同参画が進み、企業側も育児休暇や企業内託児施設を充実させたからである。さらに女性は家を守るといった概念が薄れたせいもあり、結婚後も仕事を続ける、あるいは子育てがすみ、再就職する人の割合が増えている。そして、実質賃金も大きく増加したことも、社会進出を促した要因である。このように女性も働きだし忙しくなったために家事を簡便化する必要がある。そのために調理を外部に依存するようになった。

　第3に、世帯規模が小規模化していることである。図1-4より、1985年

表1-4　女子雇用者比率と実質賃金率の変化

	1980	1985	1990	1995	2000	2005
既婚女子雇用者比率[注1]	26.4	29.9	33.9	36.2	36.5	36.8
女子実質賃金率 (1980=100)[注2]	100.0	108.9	122.2	134.7	141.9	147.0

　資料：注1は総務省「労働力調査」
　　　　注2は厚生労働省「賃金構造基本調査」

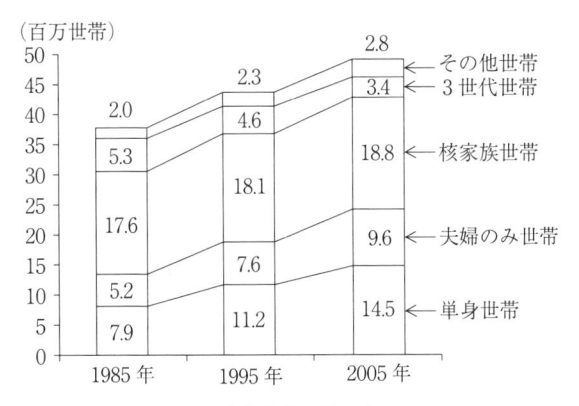

図1-4 世帯員数の移り変わり
資料：総務省「国勢調査」

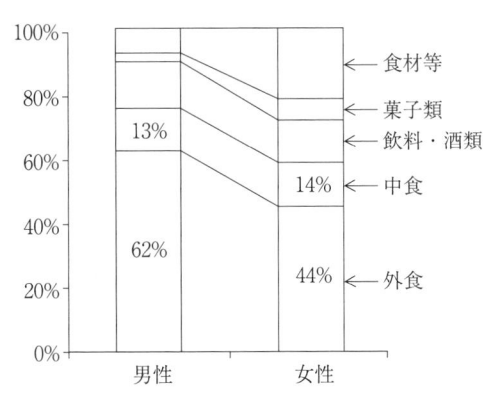

図1-5 34歳以下単身世帯の食料消費支出
資料：総務省「家計調査」

と比べて2005年では単身世帯が2倍近くも増えており、逆に3世代世帯は減っている。このことから平均して世帯員人数は減少傾向にあることがわかる。では、単身世帯ではどのような食生活を送っているのだろうか。図1-5は34歳以下の単身世帯における食料消費支出の割合をみたものである。驚くべきことに、男性では圧倒的に食材費よりも中食や外食の割合のほうが高く、この2つを合わせると実に75%にもなる。女性の場合は男性よりも

その割合は低いものの、58％を占めている。これは、単身世帯では2人世帯や3人世帯に比べ調理における規模の経済が働きにくいため、自分で調理をせず、外食などに依存するものと考えられる。

　このように、家族のライフスタイルが変化したため、外食や中食を利用するようになったのである。他にも家族揃ってではなく、食事を一人で摂る孤食や、家族それぞれが違うものを食べる個食が増えたことなど、食生活は大きく変化している。

第3節　業務・加工用野菜使用の企業における誘因

　使用者にとって業務・加工用野菜と生食用野菜とでは何が違うのか、つまり、カット野菜を使用する誘因について考察を進める。

（1）時間の節約と人件費の削減

　具体的に、カット野菜と生食用野菜の価格を比較する。図1-6の式は倉敷青果荷受組合のヒアリング調査に基づいたカットキャベツの価格設定の仕組みである。

　このように、同じ重さのキャベツを購入した場合、カットキャベツの価格はホールキャベツの3倍以上も高くなっている（318円÷100円）。これは当然、カットする加工代や人件費などが含まれるからだ。しかし実際は、単純

```
　ホールキャベツ　　　　1 kg = 100円
うち可食部分が70％なので
　カットされるキャベツ　　1 kg ≒ 143円となる。
そこから人件費・設備費・管理費・資材費・運賃その他を合わせて150円なので、
カットキャベツの原価は　143 + 150 = 293円となる。
これに利益率は8％と設定しているので、カットキャベツの1 kgの値段は
　　　　　　　　　　293 × 1.08 = 318円
```

図1-6　カットキャベツの価格設定の仕組み
資料：ヒアリングをもとに作成

に比較して3倍以上高いということではない。なぜなら、ホールキャベツには食べることのできない芯や外葉なども含んだ値段であるからだ。キャベツの可食部分は70％程なので、これを加味した実際の値段比率は2.2倍である（318円÷143円）。

　カット野菜は値段が高いので、ホール野菜を購入して自前で切ったほうがコストを抑えられる。しかし、野菜を大量に使用する現場では、自前で切ろうとすると多くの時間や人件費がかかる。すなわち、カット野菜を使用することにより、野菜を切る手間を省くことができ、調理時間を短縮させることができる。よって、原材料費は高くなるが、人件費を抑えることができるため、企業はコスト削減が可能である。

（2）食品ロスの減量化

　飽食の時代と言われているとおり、現在の日本は食物が余っている。それを象徴するかのように、食べ残しや賞味期限により廃棄された食品ロス、いわゆる生ゴミが膨大に発生している。2008年度に農水省が開催した「食品ロスの削減に向けた検討会」資料によると、日本で捨てられている食品廃棄物は、年間約1,900万tであり、この数字は世界の食糧援助量（年間約600万t）の3倍以上である。5割以上は、家庭の調理段階で出る野菜くずや魚の骨、食品工場から出る調理くずや果実の搾りかすなどだが、このうち500〜900万tが、本当は食べられたはずなのに、ゴミとして捨てられていることが問題視されている。

　外食・中食産業などの野菜ロスは食べ残しの発生もあるだろうが、調理時における不可食部分の除去分が多い。これは、ホール野菜はキャベツの芯やジャガイモの皮など、不可食部分が多く含まれているため、必然的にロスに占める野菜の割合が高くなっている。しかし、業務・加工用野菜は予め不可食部分が除去されているので、外食・中食産業からの食品ロスを減量化することが可能である。また、食品ロスには処理費用も発生するので、減量化することによってコスト削減もできる。

また、個々の使用者が出す食品ロスは、それぞれが出す量は少ないため利用することが難しい。集められた時には膨大な量になっているが、他のさまざまなゴミと混ざっているので、燃やすか、埋めるしかできない。しかし業務・加工用では、加工業者に不可食部分が集積しているため、再利用が比較的容易である。一部のカット業者では、飼料化・肥料化しており、資源の循環が実現できている。こうしてカット野菜は、消費者からでる食品ロスを減少するだけでなく、ロスの発生量そのものを減少させることが可能である。

（3）安定調達と安定価格
　業務・加工用野菜の実需者である外食業者や中食業者では、原料野菜の安定調達と価格の安定性が強く求められる。まず、安定調達について、メニューが予め決まっているため、欠品は許されない。例えば、お好み焼き屋ではキャベツがなければ営業できないし、ファミリーレストランではメニューにある料理を提供できないと消費者からの信頼を損なうことになってしまうためである。次に、価格の安定性について、野菜価格の変動を随時、メニュー価格に反映させることはできないため、業務・加工用野菜も価格が長期間一定である必要がある。
　これらの理由があるため、外食業者や中食業者は、卸売市場経由で野菜を調達するのではなく、業務用・加工用野菜を専門業者から直接契約仕入れすることが多くなっている。

（4）衛生的な野菜
　野菜は収穫されて冷蔵車で市場に運ばれるのだが、市場で取引を行うときには常温で放置されてしまうので、夏場では作物が傷んでしまう危険性さえある。しかし、業務・加工用野菜は衛生管理された工場で加工されているため、使用者は衛生面でのリスクが軽減される。
　とくに、カット工場では衛生管理のためHACCPと呼ばれる手法の導入が進んでいる。HACCPは1960年代にアメリカが宇宙食を開発する際に、微生

物の増殖を抑え安全性を確保するために考え出されたものである。HACCP（危害分析・重要管理点）方式とは食品の安全性を確保するため、これらにかかわる危害を確認し、それを抑制するための防除手段と定義されている。HACCP方式は、主として最終製品の検査に依存する従来の衛生・品質管理手法と違って、原材料の生育・飼育の段階から最終製品が消費者の手にわたるまでの各段階において発生のおそれのある危害の確認や発生防止に焦点を合わせた管理方式である。7つの原則と12の手段により厳格に安全性をチェックしている。

　また、調理の際は製品を袋からそのまま出し、手を触れず調理することができるものが多い。このため、手からの雑菌や、まな板、包丁からの食中毒菌などの感染を防ぐことが可能である。よって、食の安全を確保し、外食産業や中食産業のリスクマネジメントに役立っている。

（5）その他の誘因
　野菜には皮が硬くて切りにくく、包丁で切る際に注意が必要なものがある。また、包丁を使用すること自体も少なからず、けがや事故のリスクが含まれているが、業務・加工用野菜を利用することにより、それらのリスクを回避することができる。また、野菜を切る必要がないことから調理場スペースを抑えることができ、使用する分だけを購入できるので、貯蔵スペースも抑えることができる。他にも、洗浄する必要がないので、水の節約にもなっている。

　以上のようにカット野菜はさまざまな特徴や、ホール野菜と比べてコスト削減やゴミの減少などの効果があることが分かった。このため業務用として中食・外食企業で好んで使われている。

第4節　原料野菜の特徴

1　品質の特徴

　業務・加工用野菜として使用されるには、生産者は業務・加工用に適した品種・栽培方法や取引方法へ切り換えが求められる。日本施設園芸協会の加工・業務用野菜需要への取り組みに向けた『品目別・用途別ガイドライン』においても、「加工・業務用野菜を生産・供給していくためには、従来型の家計消費用を前提とした生産・供給の延長では不十分です。なぜなら、加工・業務用と家計消費用とでは、求められる基本的特性等が異なっており、これに対応した産地体制の整備や栽培方法等が必要とされるからです」としている。

　また、生食用と業務・加工用の違いは、清水によると、業務・加工用の原料野菜は、カット業者がカットするために大量に加工する生産財であるのに対して、生食用は不特定多数の主体がそれぞれ異なる用途のために使用する消費財である。両者は同じ品目の野菜でも、調理の主体、処理作業を異にし、その違いに応じて異なった性格の商品が求められていると指摘している[3]。

　業務・加工用と生食用の原料野菜の商品的性格をまとめたのが表1-5である。

(1) 生食用

　生食用野菜の形質は、色づきや傷の有無、きれいな形が重視される。規格については、等級数が多く細かく分類される。また、大きすぎる規格は調理しづらかったり、世帯員数が減少傾向にある一般家庭では食べきれなかったりと、使用しづらい面があるため中小規格が好まれる。そして荷姿については、レタスのように一玉ずつビニールラップで包装されていたり、ミニトマトのように数個単位でパッキングされていたりと、小分け包装されてある。このように、きれいな見た目や包装、適度な大きさなどが商品価値に大きく影響することが生食用野菜の特徴である。

表1-5　業務・加工用野菜と生食用野菜の商品的性格の比較

		生食用野菜	業務・加工用野菜
商品形態	形　質	外見、見栄え重視	熟度、色、香りなど内実重視
	規　格	規格・等級数多く、中小規格選好	規格・等級数少なく、大型規格選好
	荷　姿	小分け包装	無包装またはコンテナ
取引方法	仕入れ方法	卸売市場経由が多い	産地、農家との契約取引が多い
	精算方法	毎日精算、短期決済	1か月精算、中期決済
	価格形成	日々価格変動	長期間一定価格
	品揃え	多品目少量仕入れ	少品目大量仕入れ
栽培方法	栽培志向	規格統一し、外見を重視	目方を重視
	栽植密度	畝幅狭く密植	畝幅広く粗植
	作業内容	労働集約的	労働粗放的

資料：参考文献5）p.239の表の一部を加筆修正

（2）業務・加工用

　一方、業務・加工用野菜は、見た目ではなく品質（加工適正）が重視される。形質は品質が良ければ、傷があっても問題ない場合もあり、例えば、キャベツや白菜などでは、外葉に傷があっても、そこを取り除けば加工できる。また、規格は大型規格が好まれる。その理由は、第1に、一般的に野菜は大型規格になるほど加工歩留り率（可食率）が高くなるからである。第2に、加工作業効率を高めるためである。機械を用いて加工する場合、例えば、じゃがいもの皮をむく作業は、規格の大小に関係なく1個当たりの作業時間がほとんど変わらないため、大型規格の方が効率は良くなる。

　また荷姿もきれいな化粧箱ではなく、無包装の通いコンテナで出荷する場合が多い。

（3）業務・加工用野菜品質の具体例

　それでは個別にどのような品質や規格の要求があるのか『品目別・用途別ガイドライン』をもとにトマトとキャベツの紹介をする。

　トマトについて、まず、カット用に向いている品質は、ゼリー部が落ちに

表1-6　トマトに求められる品質・規格の違い

用　途	求められる品質・規格等
カット・サラダ用	①スライス時にゼリー部が落ちにくいもの ②サイコロ状等にカットされたときに崩れにくく果肉に適度な硬さがあるもの ③スライス時の歩留まりを向上させるため腰高の形状 ④色周り、糖度の高さ、糖度と酸味のバランス、風味、歯触り・食感等に関する要求は実需者ごとに多様 ⑤サイズはL以上が基本
加熱料理用	①煮くずれしないもの ②水分含有量が少ないもの ③糖度と酸味のバランス、製品としての色・風味・コクなどに関する要求は料理用途別に多様
家計消費用	①樹上完熟による色周りの良さ（夏場は早採りによる追熟） ②店もちの良さ ③生食用として糖度が5～6度以上 ④サイズはS～L等

資料：参考文献8）を参照

くく形が崩れにくいものである。具体的には、赤系トマトが比較的カット用に向いていると言える。形状は腰高のもの、サイズはL以上が基本となっている。次に、加熱調理用は、煮くずれしにくく、水分含量の少ないもの。そして、家計消費用は完熟しているもの、糖度の高いものが要求される。サイズはS～Lがよく、あまり大きいものは敬遠されるため、適度な大きさが好まれる。カット用に向いている赤系に対し、家計用で最も栽培されているのはピンク系トマトである。

　キャベツの場合は、業務・加工用に向いている品質は巻きが硬く葉質がしっかりしていて、水分含有率の低いことから加工歩留まりが高い寒玉系が基本である。規格は10kg詰めで6玉程度の大玉が求められる。一方、家計消費に向いている品質は、巻きがゆるく葉質は柔らかで、水分含有率の高い春系キャベツである。これはサラダなど生食用に最適なため業務・加工用としても使用されることがある。規格は10kg詰めで8玉程度が基本である。

表1-7 キャベツに求められる品質・規格の違い

用 途	求められる品質・規格等
カット用 加熱調理用	①寒玉系品種が基本（時期によっては春系との中間種も使用） ②葉質が硬く、水分含有率が低いものなど ③大玉（10kg詰めの場合、6玉程度）が基本
家計消費用	①形状・玉揃いの良さ ②春系、寒玉系、グリーンボール等 ③10kg詰めに8玉が基本

資料：参考文献8）を参照

2　流通面の比較

(1) 生食用[4]

　生食用野菜の取引方法は、卸売市場を通じて取引をすることが多い。そのため、価格形成は日々変動し、精算方法は毎日、もしくは、短期決済で行われる。卸売市場の設立の背景は、「生鮮野菜が日々の人々の生活に欠かせないものである一方、生産が自然条件に依存する傾向のあること、腐敗しやすい性質であり品質保持が重要であること、商品の規格化・統一化が比較的困難なこと、生産者が総じて小規模であること、かつ、全国各地に広がっていること等の工業製品には見られない特性があることから、我が国では生鮮食料品等の卸売を特に取り扱う卸売市場制度がもうけられている」としている。

　また、卸売市場の強みは、第1に、生産者にとってはどんなものでも必ず売って、お金に換えてくれる。第2に、行政の監督下にあるため、代金回収のリスクが低い。第3に、代金決済は出荷者に対して、中央卸売市場は平均3.2日（99年度）と早い。第4に、不特定多数の生産者と消費者を結びつけることができる、などがあげられる。このように、従来、青果物流通について卸売市場は重要な役割を果たしてきた。

(2) 業務・加工用

　業務・加工用野菜は実需者の要望により、定時・定量、定価格、定品質のいわゆる「4定」が強く求められる。しかし卸売市場は、元来生食用野菜向

けに確立されたシステムであるため、業務・加工用野菜の流通には必ずしも適していない。卸売市場では無条件委託方式による仕入れにより、野菜を必要時に必要量、必要な品質を確保することは困難であり、価格も日々変動している。卸売市場法の改正により、近年では、買付けによる仕入れや、相対取引も行われるようになったが、4定を十分に満たす流通体制が整っているとは言えない。そのため、業務・加工用野菜を育てる産地との直接契約取引が必要となる。

3　契約取引の概要
(1) 契約取引の定義

農林水産省は契約取引を以下のように定義している。すなわち、「契約取引とは、生産者（農家等）と事業所との間で取引する農産物の、価格、数量、規格（品質）について、原則として農産物の播種前に一定の契約（約束）に基づいた取引における仕入れ。事業所が農家、生産法人等と直接契約したものの他に経済連、商社等が仲介して農家、生産法人等と契約したものも含める」である。

しかし、契約取引と一口で言っても、さまざまな取引形態が存在しているため、ここで整理していく[5]。

(2) 契約取引の種類分類
1) 契約のタイプ

まず、契約取引のタイプは書類契約取引と口頭契約取引とに大別できる（表1-8）。ほかの商品一般では口頭契約は少ないと考えられるが、農産物では非常に多いといわれる。その理由として、農産物は、生産量が自然条件に大きく左右されることがあげられる。書類契約の場合、生産者は作況にかかわらず、契約数量を出荷しなければならない。しかし口頭契約の場合、明確な量が決められていないため、出荷量の調整の余地が残されている。そのため、農産物では口頭契約取引が好まれる。

表1-8　契約取引のタイプ別概要と特徴

	概　要	特　徴
書類契約	契約数量や価格などを決め、契約書を交わす。	生産者は生産が不安定な野菜を契約にもとづく量と質を確保しないといけない。
口頭契約	数量や価格などは口頭で決める。書面に記載する場合も名前を書かない、印鑑を押さないなどして契約される。	生産状況に応じて、量・質・価格などを調整できる場合がある。

資料：参考文献10）を加筆修正

2）価格の決定方法

次に価格の決定方法について説明する（表1-9）。

卸売市場連動型は、卸売市場価格を基準に価格を設定するものである。価格が市場と連動するため、取引価格は変動してしまうが、客観的な基準であるため、生産者、加工業者ともに納得しやすいといわれている。

市場平均型は、過去数年分の市場価格の平均値をもとにして、価格を決定するものである。平均値とはいえ、市場価格が高騰、あるいは暴落した年があると、正確な評価ができない可能性もある。

生産費補償型は、次年度以降も再生産可能な採算水準に契約価格を設定するもので、卸売市場価格が暴落するようなケースは契約価格の方が高くなる

表1-9　契約価格の決定方式

	概　要	特　徴
卸売市場連動型	購入時の卸売価格を参考に価格決定。	生産者、加工業者ともに価格は不安定。価格交渉のトラブルは少ない。
市場平均型	過去数年分の市場価格の平均値をもとに価格決定。	市場での評価が高いと生産側は有利。
生産費補償型	再生産可能な水準に価格を決定。	生産者の所得安定に貢献。卸売市場で高値がつくと、横流しの危険。
折衷型	予め価格を決めるが、市場との価格差が極端に開いた場合は調整を行う。	生産者にとって、市場の高値を享受できる可能性がある。

資料：参考文献10）を加筆修正

可能性があり、最低価格を設定するものともいえる。逆に、契約価格よりも卸売市場価格の方が極端に高くなると、卸売市場への横流しの危険性もある。

折衷型は、予め契約価格を決めておくが、市場価格と極端な差が出た場合、生産者と加工業者との間で、価格調整を行うものである。おもに、市場価格が高騰した時に調整を行い、卸売市場への横流しを防ぐためである。

3）契約の内容

そして、契約内の内容についても3つのタイプに分類することができる（表1-10）。

面積契約は、一般にどれだけ収穫が多くても、すべてのものを需要者である食品産業事業者が引き取らなければならない。この契約は、原料不足の時期や原料不足気味の業種において採用される傾向があるといわれる。なお、面積契約の中でも、とくに不作時に市場価格が高くなった際に、市場への横流しを防止するため下限を設定したり、豊作に備えてある程度の上限を設ける場合もある。また、特殊な品種や栽培をしなければならない原料野菜は、市場へ出荷できないため、食品産業事業者が全量引き取る必要があることから、面積契約を結ぶことが多い。具体的な原料野菜は、ジュース用トマト・ニンジン、冷凍用コーン、本漬用ダイコン、有機米、ダイズなどである。

表1-10 契約取引の内容と特徴

名称	契約内容	特　徴
面積契約	圃場、栽培地、栽培方法を特定し、原則、収穫されたすべての農産物を取引する。	作況リスクは食品産業事業者が負う。ただし、専用品種や有機栽培など特別な生産方法が多い。
数量契約	圃場、栽培地、栽培方法などを特定し、収穫された農産物のうち、一定の数量のみを取引する。	作況リスクは生産者が負うため、豊作時は転売し、不作時は他から調達する必要がある。
販売契約	卸売市場向け農産物のうち、一定の数量のみを取引する。	食品産業事業者にとって供給不足のリスクは小さいが、加工適性に向いたものを調達できない可能性。

資料：参考文献10）を加筆修正

数量契約は、面積契約と同じように、圃場、栽培方法、品種などを特定するが、収穫物の一部だけを取引する形態である。そのため、作況リスクは生産者が負うことになる。この契約に多い原料野菜は、浅漬用キュウリ、ナス、カット用トマトなどである。

販売契約は、市場向け農産物の一部を契約野菜として供給するものである。この方式は安定供給が可能であるが、食品産業事業者からとくに品質に関する要望があっても、市場向け品の割り振りであるから農業者はそれに応えられない。この契約に多い原料野菜は、浅漬用ハクサイ、カット用キャベツ・レタス、外食用キャベツなどである。

第5節　取引の現状

続いて、産地と加工業者との取引の現状を、農畜産業振興機構が2012年にJAに対して行ったアンケート調査をもとに整理していく（n=304）。

まず、業務・加工用に出荷しているJAをみると、全体では169団体で55.6％と半数以上が取り組みを行っていると回答している。地域別では東北が78.1％、北海道と九州が約65％と高い値となっているが、中国・四国は35.9％、沖縄は28.6％と低いなど、地域によって差があることがわかる。これは、耕作地が平地か山間地かなどの条件の違いや、消費地への距離などが関係しているものと考えられる。

表1-11　業務・加工用野菜へ出荷している割合

（単位：％）

	全体	北海道	東北	関東	北陸	東海	近畿	中国・四国	九州	沖縄
出荷の割合	55.6	65.2	78.1	51.3	66.7	44.4	54.5	35.9	64.3	28.6

資料：参考文献6）

次に、品目別にみると、「キャベツ」を出荷する団体が60団体と最も多く、次いで「にんじん」が33団体、「トマト」が31団体となっている。

また、3年前と比較した出荷動向では、「変わらない」が約半数を占め、

表1-12 品目別の出荷団体数(複数回答)

キャベツ	きゅうり	さといも	だいこん	トマト	なす	にんじん
60	18	8	29	31	15	33
ねぎ	はくさい	レタス	タマネギ	ばれいしょ	ほうれんそう	
24	20	19	26	30	11	

資料:参考文献6)

次いで「拡大」が36.7％となっていた。全体の出荷動向として、縮小させる団体よりも拡大させる団体が多いことを踏まえると、業務・加工用野菜の需要は依然として高いものであると同時に、JAもそれに応えてきたことがうかがえる。

表1-13 3年前と比較した出荷動向

拡 大	変わらない	縮 小	無回答
36.7％	50.3％	10.1％	3.0％

資料:参考文献6)

産地における出荷体制では、「毎年、その都度希望者を募り対応」が47.3％と最も高く、次いで「市場出荷向けの一部を出荷」が45.6％となっており、「実需者と個々の生産者を特定化」(19.5％)と「実需者ごとに生産者をグループ化」(18.9％)を大きく引き離している。この出荷体制の違いが、第

表1-14 産地における出荷体制

毎年、その都度希望者を募り対応	47.3％
市場出荷向けの一部を出荷	45.6％
実需者と個々の生産者を特定化	19.5％
実需者ごとに生産者をグループ化	18.9％
出荷先の市場で卸が振り分け	14.2％
特に担い手または大規模農家を中心に対応	13.0％
その他	11.2％
無回答	1.8％

資料:参考文献6)

表1-15　取引先の業種

加工食品メーカー	46.7%
カット業者	25.9%
外食業者	6.9%
中食・総菜業者	6.5%
その他	13.7%
無回答	10.0%

資料：参考文献6）

表1-16　取引先との契約数量

面積契約	8.1%
数量契約	43.3%
状況に応じて変動	37.7%
その他	1.6%
無回答	12.8%

資料：参考文献6）

表1-17　取引先との契約価格

固定価格	80.4%
変動価格	10.0%
その他	3.1%
無回答	10.0%

資料：参考文献6）

2章で取りあげる事例において課題となっていることを留意しておきたい。

取引先の業種では、レトルト、冷凍野菜、缶詰、漬物野菜等の製造を行う「加工食品メーカー」が46.7％と半分近くを占め、次いでスーパーマーケット、中食・外食業者等に野菜素材を提供する「カット業者」が25.9％となっている。

取引先との契約数量では、「数量契約」が43.3％と予め量を決めておく契約が多いが、「状況に応じて変動」が37.7％と柔軟な出荷量の調整も求められていることがわかる。価格については「固定価格」が80.4％と多数である。

そして、業務・加工用野菜の特徴として、輸入野菜の割合が高いことがあげられる（表1-18）。その要因として、以下の3点があげられる。

第1に、価格が安価であること。第2に、数量確保が容易であること。これは、海外の方が栽培可能な期間が長いことや、大規模生産者と契約するなどして、数量変動への受容度が高いからである。第3に、カットやジュースなど加工された状態で輸入されるため、実需者にとって使用しやすい。そのため、2005年度の主要野菜における輸入品の割合は、家庭消費用においては2％であるのに対し、業務・加工用は32％と高くなっている。

表 1-18　業務・加工用需要に占める輸入割合

1990年	2000年	2005年
12％（0.5％）	26％（2％）	32％（2％）

資料：農林水産政策研究所
　注：カッコは家計消費用需要に占める輸入割合

【注】
1）参考文献11）を参照
2）参考文献3）、pp.65-86を参照
3）参考文献5）、p.239を参照
4）参考文献12）、pp.29-30を参照
5）参考文献10）を参照

【参考文献】
1）農林水産省・厚生労働省・総務省等、統計資料
2）藤島廣二「食料・農産物流通論」筑波書房、2009
3）時子山ひろみ「フードシステムの経済学」医歯薬出版株式会社、1998
4）高橋正郎「食料経済」理工学社、2005
5）長谷川美典「カット野菜実務ハンドブック」サイエンスフォーラム、2007
6）農畜産業振興機構「加工・業務用野菜取引実態等調査」2013
7）農畜産業振興機構「平成24年度カット野菜需要構造実態調査事業」2013
8）日本施設園芸協会「品目別・用途別ガイドライン」2008
9）藤島廣二・小林茂典「業務・加工用野菜」農文協、2008
10）岐阜県産業経済振興センター「食品産業と農業者との連携促進に関する調査研究報告書」2001
11）農畜産業振興機構「主要野菜輸入動向」2011
12）小野沢康晴「野菜流通における契約出荷と市場出荷」農林金融、2004

第2章
◆
産地における業務・加工用野菜の普及に関する現状と課題

第1節　はじめに

　近年、農家戸数、農業就業人口ともに減少していることが問題となっている。農林水産省「2010年農林業センサス」「農業構造動態調査」によると、1990年に比べ2012年は、農家戸数が383万5,000戸から232万4,000戸に、農業就業人口は482万人から251万人と大きく減少している。それと同時に、農業就業人口の平均年齢は1995年に59.1歳だったのが、2010年には65.8歳と上昇を続けている。野菜農家に関しても同様の傾向で、1980年には100万戸あったのが、2010年には約50万戸となり、作付面積や産出額なども減少傾向にある。

　こうして、国内生産量が低迷しているなかで、逆に輸入量は増加している。その要因は、第1章であげたように、生活スタイルの変化や食の外部化の進展にともない、業務・加工用野菜の需要が増加しており、それに対応する形で、輸入野菜の量が増えているものと考えられる。また、国産野菜は業務・加工用に不向きであると指摘されている。つまり、一般消費者用と業務・加工用とでは異なる品質や規格、流通や販売方法が求められるのである。これにうまく対応することができれば、販売先を確保することができ、野菜産地

の新たな振興策になると考えられる。

そこで本章では、岡山県内で業務・加工用野菜に取り組んでいるJA倉敷かさやとJA岡山の事例分析をもとに、業務・加工用野菜に取り組むことの意義について考察する。

第2節　業務・加工用野菜契約栽培が産地に与える効果

一般生食用と業務・加工用とでは、異なる特徴があった。一般生食用は外観を重視するのに対し、業務・加工用は用途によってさまざまな品質が求められる。つまり、加工適正を持つ品質を重視する。また、加工歩留まり率を高めるために大型規格が好まれる。流通においては、一般消費者用は卸売市場で対応することが多いが、業務・加工用は実需者が求める品質のものを、定時に一定量、かつ、安定価格で供給する必要があることから、契約取引で対応する場合が多い[1]。

こうした、実需者からの要望に合わせて産地は対応を迫られるが、一般生食用より有利になる点が3点あげられる。第1に、取引方法が産地と企業間の長期契約取引のため、販売価格が一定で経営を安定させることが可能である（経営安定効果）。第2に、作業を軽減させることができる（作業軽減効果）。第3に、箱代などの梱包費が不要なため経営費用が削減される（費用削減効果）。

1　経営安定効果

生産の場においても、カット野菜はホール野菜とは違った面がある。まず市場流通させるホール野菜とは違い、カット野菜は契約栽培をしていることが多い。契約栽培にはいくつかのメリットがある。第1に、農家の収入が安定することである。農産物の特徴としては、天候の影響を受けて生産量が年によって異なり、これを市場でせり取引を行うため価格が高騰したり、暴落したりする。そして、一般に農産物の需要の価格弾力性は小さく、非弾力的

なので、豊作の年は価格が下がる。しかし、消費はそれほど伸びないので農家の販売金額は大幅に減少する。これがいわゆる「豊作貧乏」の発生のメカニズムで、産地廃棄など厳しい対応を農家に迫ることがある。このような野菜の経済性により、農家の生活は常に不安定であり、計画的な経営も難しく、規模拡大の障壁にもなっている。実際、キャベツやハクサイなどの重量野菜は露地栽培が多いので、しばしば価格が乱高下している。表2-1より、キャベツがどの程度、価格が変動しているのかをみると、1月の価格が2006年と'07年では2.8倍も違う。しかし、契約栽培をすると予め取引価格や量が決められているので、収益をある程度計算でき、農家は安心して栽培をすることができる。また「契約野菜安定取引制度」というものが'02年に設立され、制度的にも契約取引のサポートがある。これは、不作時に産地が卸売市場などから不足分を購入し、契約数量の補充を図るための費用や、過剰生産分の出荷調整経費などについて、一定の条件のもとで補てん金が交付される制度である[2]。これによって、生産者と実需者が契約取引を行う際のリスクの軽減ができる。

第2に、カット野菜業者を通じて農家と消費者と情報交換ができるということである。契約栽培だと栽培方法や生産量の指定ができるので欲しい野菜が手に入る。そして、有機栽培や減農薬栽培などのように栽培方法を指定し、「誰が」「どこで」「どのように」栽培した野菜であるかという情報を消費者に提供することで、安全志向

表2-1 キャベツの市況
(単位:円/kg)

	2006年	2007年	2008年
1月	134	48	60
2月	96	49	87
3月	71	64	94
4月	117	87	85
5月	98	92	68
6月	96	73	94
7月	72	98	71
8月	116	117	62
9月	107	89	67
10月	90	83	73
11月	46	68	95
12月	44	72	103
平均	90	78	80
標準偏差	27.8	20.1	14.9
変動係数	0.3076	0.2572	0.1868

資料:農林水産省「青果物流通統計月報」

や健康志向の高い消費者のニーズを満たすことが可能になる。

　そのため、生産者とカット業者の関係は、単なる野菜の受け渡しだけではなく契約栽培をしていることで、生産者は経営を安定させることや情報の獲得ができる。一方、カット業者は安全・安心な野菜を手に入れられる。

2　作業軽減効果

　通常、ホール野菜を出荷する際は、収穫後に選果や包装をしなければならない。表2-2はキャベツの栽培労働別時間を表したものである。このように、キャベツやハクサイなど、いわゆる重量野菜は作業時間の大半が収穫・調製・出荷作業である。これは、特に高齢者にとって重労働となるため、規模縮小や離農へと繋がり、産地の維持が困難になっているところさえある。

　しかし、業務・加工用野菜は加工されるため包装をする必要がなく、荷姿も箱詰めではなくコンテナのまま出荷できる。そして、個数ではなく重量出荷のため、大きさを揃えなくてよいので選果もしなくてよい。このように業務・加工用野菜は出荷作業を簡略化できる。よって作業時間を短縮させることができ、生産者の負担を軽減させることが可能である。

表2-2　キャベツの栽培労働別時間

	年産 時間	年産 割合	夏秋 時間	夏秋 割合	冬 時間	冬 割合
育苗	6.27	7.4%	4.88	7.9%	7.11	7.7%
耕うん・基肥	5.26	6.2%	4.38	7.1%	5.87	6.4%
は種・定植	10.49	12.4%	9.96	16.1%	8.65	9.4%
追肥	2.67	3.2%	1.35	2.2%	2.68	2.9%
除草・防除	6.43	7.6%	5.42	8.8%	8.11	8.8%
管理	4.99	5.9%	2.09	3.4%	6.75	7.3%
収穫・調整・出荷	44.53	52.0%	31.75	51.4%	50.25	54.4%
その他	3.98	4.7%	1.93	3.1%	2.93	3.2%
労働時間計	84.62	100.0%	61.76	100.0%	92.35	100.0%

資料：農林水産省「品目別経営統計」（平成17年）

3 費用軽減効果

平成17年度岡山県農林水産部「農業経営指導指標」によると、10a当たりの荷造・梱包費は、レタスは8万3,710円、キャベツは4万9,800円、カボチャ（トンネル）は5万4,000円、ニンジンは2万7,240円、トマト（雨よけ）だと37万5,000円も発生する。しかし、業務・加工用は通いコンテナで出荷できることがあるため、これらの荷造・梱包費の削減が可能となる。また、契約取引による市場出荷手数料も削減される。

第3節　ＪＡ倉敷かさやにおける加工用タマネギの事例分析

1　概要

ＪＡ倉敷かさやでは笠岡湾干拓地を利用した小麦の栽培が盛んに行われていた。しかし、小麦の価格が下落し、転作作物としてタマネギが栽培されるようになった。タマネギを選択した理由としては、耕地が干拓地で、海に近いため風が強く、また、土も固いためタマネギ以外の栽培が難しかったことがあげられる。

加工用タマネギ生産は1990年頃から取り組んでおり、'99年には24名の生産者が取り組んでいた。しかし、品質面でのクレームが発生してしまったため、契約を打ち切られてしまったことがある。その当時は、一社のみと契約取引を行っていたため、打ち切りによって販売先を確保できなくなり、タマネギ生産者も2名にまで減少してしまった。

現在は新たな販売先を開拓し、9名の生産者で約12haを栽培している。この中で最も規模の大きい生産者は、作業の完全機械化で約6haを経営している。生産者の平均年齢は50代後半と比較的若いことが特徴である。現在でも、生産はすべて加工用の契約栽培をしており、契約打ち切りのリスクを回避するため、6社と契約している。

産地としての全収量は年間約600万tで、10a当たりの収量は5,000kgと、全国平均の7,000kgに比べると収量は少ない。品種は早生、中生、晩生の3

表2-3 栽培品種の組み合わせ

収穫時期	5月上旬	5月下旬	6～7月下旬
品種名	七宝早生	ターザン（中生）	もみじ3号（晩生）

資料：ヒアリング調査より作成

品種を組み合わせて、5～8月に収穫ができるようにしている（表2-3）。8月になると、タマネギの大産地である北海道産が市場に出回るため、競合しないように8月までに収穫ができるような品種を選択している。しかし、天候により8月まで収穫が終わらないことがある。タマネギは収穫後に乾燥させなければならず、湿気があると傷んでしまうので、雨の降る日には収穫ができない。

とくに、晩生品種の収穫時期は梅雨と重なっているため、年によって6月中に収穫が終わったり、8月までかかってしまったりと、不安定な収穫となっている。

2 加工用への対応

生食用はM～Lサイズが適しているが、カット用は2L以上が適している。そのため、大玉に育つよう、水を多めに与えるようにして栽培をしている。また、柔らかいと加工時に傷がつきやすいため、身が硬く、光沢のよい品種を選択している。

そして、生食用は根を切断して出荷するが、加工用はそのまま出荷できるため、労働時間の短縮が可能である。また、選果作業を省略するため、例えば、M玉を希望している業者には、M玉が多くできる傾向にある農家のものを出荷し、作業を簡略化している。

3 契約取引の概要

販売先は、漂流岡山、備後青果、まるまつアグリセンター、生協、など6社である。販売相手を選ぶ基準としては、代金回収のリスクが少なく、生産者に再生産可能な価格を保証できる相手を選んでいる。また、天候による収

穫量の変動が大きいため、契約の形態はすべて口頭契約である。なぜなら、書面契約にすると、不足分をＪＡや生産者が市場から買って、出荷分の補充をするようにせまられたり、契約不履行ということで違約金の発生や、最悪の場合は裁判になる可能性もあるからである。口頭契約により、出荷量の調整が可能となっている。

出荷量の調整はＪＡが行っているが、タマネギの場合、難しい面が存在する。早期出荷を促すことは比較的容易であるが、出荷を遅らせる場合、もし遅らせた間に雨が降って、それが原因でタマネギが傷んでしまうとＪＡの責任になってしまうからである。そのため、生産者への収穫量の調整よりも、販売先との出荷量の調整を行っている。

4　ＪＡ倉敷かさやの課題

当ＪＡの取り組みにおける課題としては、取引価格が生産者手取りで10kg当たり450円と安いことがあげられる。この理由としては、次の２点があげられる。

第１に、タマネギの品質が他産地と比べて劣っているからである。干拓地での生産のため、土質など条件が良いとは言えない地域であるが、ＪＡの今後の技術指導などにより、品質の向上が求められる。

第２に、口頭による契約取引を行っており、産地の都合で、出荷量の調整をすることがあるからである。出荷量の調整を行う可能性があるということは、食品業者からすれば、原料野菜の安定確保ができなくなるので、取引価格が安価に設定されてしまう。また、このような口頭による契約取引によって、まれに食品業者側からも、出荷量や価格の変更を要請する場合がある。そして、商談が不定期となってしまい、量や価格が決まる時期が明確でない、などのデメリットも存在する。

これを解決するためには、出荷量の調整を容易にする必要がある。タマネギは雨に弱く、在圃性は低い。しかし、収穫・乾燥させ貯蔵施設に入れれば、長期間の保存も可能である。よって今後は、設備の充実が求められる。

5 カット用と生食用の経済性比較

　JA倉敷かさやでは取引価格が安価であることを課題として挙げたが、一般生食用とカット用を比較した場合、どちらが経済性に優れているのか分析を行う。ただし、JA倉敷かさやには生食用の生産を行っていないため、生食用は岡山県農林水産部「平成17年度農業経営指導指標」を参考にして計算した。その結果が表2-4である。

表2-4　タマネギ生産者の経営収支の比較（10a当たり）

収穫時期	農業粗収益	農業経営費	農業所得	農業所得率	農業労働時間	1時間当たり農業所得
生食用	339,405円	224,402円	115,003円	33.88%	124.7時間	922.2円
カット用	225,000円	184,402円	40,598円	18.04%	74.8時間	542.8円

資料：岡山県農林水産部「平成17年度　農業経営指導指標」と筆者ヒアリング調査より作成
注1：生食用単価は参考文献7）より67.88円／kgとする
　2：カット用単価はヒアリングより45円／kgとする
　3：単収は生食用、カット用ともに5,000kg／10aとして農業粗収益を計算した
　4：生食用農業経営費はカット用に梱包費を加えたものとする
　5：10kg入り段ボールが80円／個なので、梱包費＝5,000kg÷80円／10kg＝40,000円となる
　6：カット用労働時間は参考文献7）を笠岡の収量状況に合わせた（124.7h＊5,000kg／7,000kg）
　7：生食用労働時間はヒアリングよりカット用労働時間に0.6を除した

　農業粗収益は、販売価格の安いカット用のほうが11万円下回った。農業経営費はカット用のほうが少なくなるが、農業所得は生食用が7万円上回る結果となった。また、農業労働時間に関して、カット用は生食用より4割短いが、1時間当たりの農業所得はカット用のほうが生食用より4割少ないという結果となった。

　これだけをみると、カット用タマネギを栽培することに経済的な合理性はない。しかし、当産地では古くから加工用のタマネギの栽培が盛んに行われてきており、加工用（カット用）を選択する要因があると推察される。当該要因として第1に、規模の経済があげられる。労働時間が短いため、カット用のほうが生食用より大規模生産が可能であり、規模の経済が強く作用し、単位面積当たりの農業経営費は少なくなる。そのため、生食用とカット用の所得の差は縮小されると考えられる。第2に、所得よりも作業面の変化を重

視していることがあげられる。当産地は笠岡湾干拓地を利用しているため広大な土地があり、生産者は規模拡大志向が強い。そのため生食用より作業負担が少なく、労働粗放的な生産方法となるカット用を選択していることが考えられる。

第4節　ＪＡ岡山におけるカット用キャベツの事例分析

1　産地の概要

ＪＡ岡山では牛窓地区と笠加地区においてカット用キャベツの契約取引が行われている。

牛窓地区は岡山県の南東部に位置し、古くから温暖な気候を生かした露地野菜の生産が盛んである。とくにキャベツは年4,500ｔの生産量で、国の指定産地となっている。生食用として市場からの評価も高いが、一部をカット用としてＪＡを通じ、大手カット野菜業者であるサラダクラブへ契約取引している。

一方、笠加地区は牛窓地区の北側に隣接し、米作りが盛んな地域であり、キャベツ生産はあまり行われていなかった。しかし、神戸市でカット野菜業を展開しているスピナとの契約取引をきっかけに、当地区の生産者で構成された農事組合法人ネオアシスタント淳風が生産を開始した。

2　サラダクラブとの契約取引

（1）取引の概要

サラダクラブはキユーピーと三菱商事が出資してできた、カット野菜業者であり、業界では大手である。ＪＡ岡山は4年前から契約取引を開始した。2010年の契約数量は3万5,000ケース（350ｔ）で、契約参加者は23名である。当産地の特徴は、さまざまな品種の組み合わせにより10月上旬から翌年の6月末までの長期間収穫ができることである（表2－5）。このように長期間にわたって出荷できることは、取引価格の向上に寄与している。また、'10年

からは専門部会を立ち上げ、今後のさらなる取り組みが期待される。

(2) 栽培の対応

カット用キャベツで最も重視されるのが大きさであるため、大型規格を目指すようにしている。具体的には、生食用では最も高値の付く1玉約1.3kgになるように栽培しているが、カット用では1玉約1.7kgである。品種や栽培方法について、サラダクラブからはとくに指定されていないが、有利販売するために部会を通じて品種の推奨を行っている。栽培方法も、大玉になるようにしている。生育期間を生食用に比べて1週間から10日間延ばしたり、カット専用に栽培している人は、10a当たりの株数を減らし、株間を広げるなどの対応をとっている。しかし、カット用と生食用とで圃場や生産方法を分けていない生産者が半数以上で、当JAも分けて生産するような指導は行っていない。

表2-5 牛窓地区における品種の組み合わせ

収穫時期	品種名
10～1月	嵯峨緑
1～2月	彩ひかり
3～4月	寒春、玉輝
5～6月	S E

資料：ヒアリング調査より作成

カット用は生食用と比べて見栄えにこだわらないからといって、粗放的な栽培はできない。病害虫によるリスクが増えるため、農薬などの管理は生食用と同じようにしている。ただし、緻密な栽培管理が必要ないので、栽培面での精神的な負担は軽減される。また、品質に問題がなければカット用に出荷できるため、出荷ロスを大きく減らすことができる。生食用の場合、病気や生育不良、傷などによって全体のうち約7％が出荷できなくなってしまうが、カット用は出荷ロスを3％に減らすことができる。

栽培の安全管理は、JA営農指導員が収穫前に栽培管理日誌の確認や、使用農薬の確認を行い、生産者から生産管理工程チェック表の提出を義務付けている。万が一、農薬の誤使用や異物が混入していた場合はクレームの対象となり、契約の打ち切りになるだけでなく、損害賠償を求められる可能性もあるため、安全管理には最大の留意がなされている。

（3）取引の手順

　当ＪＡは直接サラダクラブと契約しているのではなく、全農おかやまと中間業者であるＭＣプロデュースを経て、契約取引をしている。物流も直接サラダクラブへ渡るのではなく、当岡山から全農おかやまへ集められ、ＭＣプロデュースを経て、サラダクラブへと流れている。ＭＣプロデュースとは、定量調達・安定価格が難しい野菜を、野菜産地から契約取引によって野菜を定量調達し、外食や中食業者へ安定価格で供給することを事業目的とした、青果物仕入販売会社である。取引価格は10kg当たり609円（生産者手取りで10kg当たり473円）となっており、生産者の再生産可能な価格ということでＪＡは契約している。契約期間は１年で、毎年５〜６月に交渉を行い、取引量と価格が決められ、書面による契約を行っている。

　契約取引の手順としては、図２-１に示したとおりである。

　まず、播種前の段階として、岡山県全体でサラダクラブと約20品目の野菜を契約取引しているため、全農おかやまが契約全体の取りまとめを行っている。サラダクラブとの交渉を各ＪＡが行うのではなく、岡山県は全農で一本化することで効率化している。そして、品目別に県内のＪＡと協議をして、契約量や出荷時期、取引価格などの交渉を行う。それらの契約内容が決まると、当ＪＡでは契約生産者の募集を行う。そして、契約生産者から収穫量や収穫時期などを決めた、栽培計画を作成してもらう。それをＪＡが回収し、契約内容に沿うように、生産者間の収穫量や出荷時期の調整を行っている。

　次に、生育途中は栽培計画通りの作付けが行われているか、ＪＡが確認をする。また、栽培管理状況や、生育状況の確認も行い、必要に応じて指導も行っている。

　最後に、出荷期においては、安全管理の確認を行ったうえで、生産者の出荷可能数量の把握をし、最終的な生産者間の出荷時期と量の調整を行う。また、牛窓地区で出荷量が不足する場合は、全農おかやまが保管するキャベツを供出するなどの対応をしている。

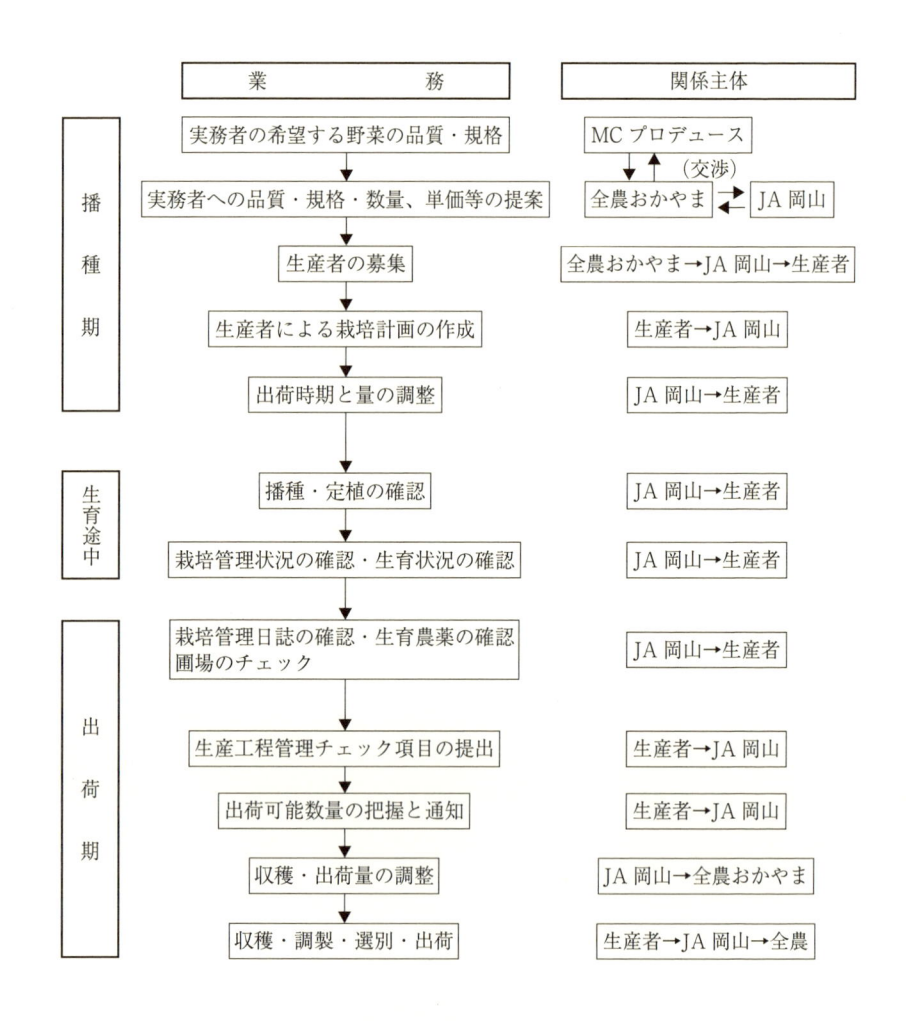

段階	業務	関係主体
播種期	実務者の希望する野菜の品質・規格	MCプロデュース ↕ (交渉) 全農おかやま ⇄ JA岡山
	実務者への品質・規格・数量、単価等の提案	
	生産者の募集	全農おかやま→JA岡山→生産者
	生産者による栽培計画の作成	生産者→JA岡山
	出荷時期と量の調整	JA岡山→生産者
生育途中	播種・定植の確認	JA岡山→生産者
	栽培管理状況の確認・生育状況の確認	JA岡山→生産者
出荷期	栽培管理日誌の確認・生育農薬の確認 圃場のチェック	JA岡山→生産者
	生産工程管理チェック項目の提出	生産者→JA岡山
	出荷可能数量の把握と通知	生産者→JA岡山
	収穫・出荷量の調整	JA岡山→全農おかやま
	収穫・調製・選別・出荷	生産者→JA岡山→全農

図2-1　サラダクラブとの取引手順
資料：ヒアリング調査と参考文献5) より作成

（4）F氏の経営行動

　ここで、契約取引の参加者の一人であるF氏の経営行動をみてみる。F氏は冬作としてキャベツ（60 a）、ハクサイ（110 a）を栽培している。契約参加は今年で3年目となり、年800ケースを出荷している。キャベツの品種は部会で推奨された嵯峨緑、彩ひかり、冬のぼりを栽培している。カット向けの品種を栽培しているが、生食用と圃場や生産方法を分けず、大型に育ったものをカット用に、それ以外を市場出荷している。収穫の方法は、一枚の圃場の中でも、例えば、四角の圃場だと外縁部、斜面にある圃場だと下部の方が大型になりやすいので、その部分は一斉に収穫してカット用に出荷している。さらに不足分は、それ以外の場所から選別して出荷している。

表2-6　F氏の栽培品目

品　目	ハクサイ	キャベツ	スイカ	カボチャ	トウガン	水　稲	メロン	ズッキーニ
面積(a)	110	60	30	20	20	30	10	1.5
	冬作 || 夏作						

資料：ヒアリング調査より作成

3　スピナとの契約取引

　スピナは神戸市にあるカット野菜業者である。スピナとの取引は、農事組合法人ネオアシスタント淳風が10年前から行っている。

　まず、契約についてみると、取引量は1万8,000ケース（180 t）で、12月中から2月までの約3か月間、毎週約15 t を出荷している。物流は収穫したキャベツを、牛窓地区内の集荷場へ持っていき、そこでスピナに引き取られる。しかし、天候や作況により、出荷量の変動は大きい。安定供給できないことから、取引価格はサラダクラブよりも安価で、生産者手取りは10kg当たり389円である。このように安価で取引をしているが、ネオアシスタント淳風の経営収支は黒字で、2009年度は26万円の純利益が出ている（表2-7）。

　ネオアシスタント淳風の組織と事業についてみると、1998年より組合員10人で設立され、当初は水田の作業受託をしていた。その後、休耕田を利

表2-7 ネオアシスタント順風におけるキャベツの経営収支 (円)

粗収益	種子代	肥料・農薬代	動力・光熱費	借地・水代
2,520,000	91,000	462,000	44,000	105,000
210,000	7,583	38,500	3,667	8,750

ハウス共済費	機械リース費	減価償却費	役員報酬・支払賃金	純利益
4,000	115,500	879,720	649,780	260,000
333	9,625	73,310	54,148	21,667

資料:ヒアリング調査より
注1:値は2009年度のもの
 2:上段は全体(1.2ha)の経営収支、下段は10a当たりの経営収支

用しトウモロコシとキャベツの栽培を開始した。どちらも市場出荷はせず、トウモロコシは同法人が行う収穫祭のイベント用、キャベツはカット用に全量出荷している。当初、組合員全員がキャベツ栽培に関しては初心者であったが、JAの技術指導により、10年間という長期にわたって契約取引をしている。

4 JA岡山の課題

　このような生産者やJAの取り組みにより、カット用キャベツの契約取引を可能にし、数年にわたり継続できている。
　しかし、一方で産地としての課題もみられた。それは、契約取引への取り組みが増えないことである。その要因として、キャベツの「栽培方法」と「市場価格」が考えられる。
　契約取引では出荷量を確保できないと信用を失い、取引の継続が困難になることから、量の確保は絶対である。キャベツはカット用と生食用とでは明確な区別がないため、生産者は出荷量の確保と調整を容易にするため、生食用に栽培し、その中からカット用を選んで出荷している。これにより、不作時は市場出荷量を減らしカット用の量を確保でき、豊作時は市場出荷量を増やすことで量の調整を行っている。
　しかし、市場にもカット用にも出荷できるキャベツでは、もし市場で高値

がついた場合、生産者は市場出荷もできるキャベツを、高値の市場と比べて安価なカット用に出荷しなければならないため、利益の逸失と感じてしまう。そのため、契約参加者の数は、前年の市場価格が大きく影響していた（表2-8）。

表2-8　契約参加者の年次別変化

年	2007	2008	2009	2010
参加者（人）	15	25	15	23
集荷量（t）	250	350	250	350
キャベツの市況（円／kg）	84	69	76	83

資料：農林水産省「青果物産地別卸売統計報告書」とヒアリング調査より
注：キャベツの市況は、中国地方主要卸売市場における、前年の岡山産キャベツの価格

生食用の中からカット用へ出荷することは、量の確保には合理的である。しかし、ヒアリング調査より、カット専用栽培を行うことで、経営的に有利な点があった。第1に、大玉に育成のため収量が増加すること。第2に、出荷形態はコンテナで出荷のため、荷造・包装費は不要になること。第3に、選果や箱折作業などが必要ないので、出荷・調製作業が軽減され、労働時間が大きく短縮することである。

これらのことが、所得上でも有利に働くと考えられるので、次項においてキャベツの栽培方法と出荷先割合別で比べた経営収支の比較を行う。

5　カット用と生食用の経営性の比較
（1）営農体系の分類

まず、栽培・出荷先別にとって3タイプに分類した。Aタイプは、契約取引に参加せず、栽培方法は生食用に栽培し、市場出荷のみを行う。Bタイプは契約取引に参加するが、栽培方法は生食用に栽培し、大玉をカット用に、中・小玉を市場に出荷する。Cタイプは、契約取引に参加し、栽培方法はカット専用に栽培を行うものとする。

次にBタイプの「生食用に栽培し大玉はカット用へ出荷、小・中玉は生食

表2-9 栽培・出荷先別による3タイプの分類

契約不参加	生食用栽培		生食用に出荷	→Aタイプ
契約参加	カット専用栽培		カット用に出荷	Bタイプ
	生食用栽培	大玉	カット用に出荷	
		小・中玉	生食用に出荷	→Cタイプ

資料：筆者作成

用へ出荷」の場合、カット用へ出荷する出荷する割合を20％、40％、60％、80％の4パターンに分けて検討した。

（2）経営費の比較

契約不参加のAタイプの場合、キャベツ10a当たりの経営費は表2-10のようになる。また、生食用と圃場や栽培方法を分けてカット用に栽培したCタイプの経営費は表2-10の右欄のようになる。

生食用との違いは、株数を減らすことから、育苗費が少なくなるが、肥料を多めにやることから、肥料・農薬費は高くなる。荷姿はサラダクラブから提供される通いコンテナで出荷しているため、荷造・包装費がかからなくなる。また、販売手数料も、市場出荷手数料がかからない分、生食用より安く抑えられる。よって両者の10a当たり経営費の差は、次式のようになる。

表2-10 生食用に栽培した場合の10a当たり経営費（円）

	Aタイプ	Cタイプ
育苗費	12,000	10,800
肥料費	39,651	43,616
農薬費	27,933	27,933
光熱水費	2,625	2,625
諸材料費	11,220	10,268
小農具費	640	640
水利費	3,000	3,000
荷造・包装費	52,000	0
運賃	48,000	5,000
販売手数料	55,770	87,516
減価償却費	73,310	7,310
修繕費	18,155	18,155
合計	344,304	282,863

資料：岡山県農林水産部「平成17年度農業経営指導指標」ヒアリング調査より

第2章　産地における業務・加工用野菜の普及に関する現状と課題　55

> 344,304 − 282,863 = 61,441（円）

　CタイプはAタイプと比べては約6万円経営費が削減される。

　生食用栽培しカット用にも出荷した場合、「荷造・包装費」「販売手数料」「運賃」の3項目はカット用に出荷する割合に応じて減少するものとする。例えば20％をカット用に出荷し、残り80％を生食用に出荷する場合、3項目の費用は次のようになる。

> 荷造・包装費 = 0（円）× 20（％）+ 52,000（円）× 80（％）
> 　運　賃 = 5,000（円）× 20（％）+ 48,000（円）× 80（％）
> 販売手数料 = 55,770（円）× 20（％）+ 87,516（円）× 80（％）

　これら3項目以外は、カット用栽培も生食用栽培も経営費は同じことから、表2-10で示した各費用の項目を加算することで、20％をカット用に出荷する場合の10a当たり経営費は31万4,149円となる。また、同様にして、カット用に出荷する割合が、40％の場合は28万3,995円、60％の場合は25万3,841円、80％の場合は22万3,687円となる。

（3）3タイプの10a当たり農業所得の比較
1）AタイプとCタイプの比較

　生食用栽培は、キャベツの単価を60～110円／kgに変化させて計算し、カット用はヒアリング調査より取引価格を60.9円／kgの一定価格とし、両タイプの10a当たり農業所得を比較すると、図2-2のようになった。
Cタイプの10a当たり農業所得は、

> Cタイプ = 6,435（kg）× 60.9（円／kg）− 282,863 = 109,029（円）………… ①

で一定である。一方、Aタイプはキャベツ単価によって変化するため、

農業所得（円）

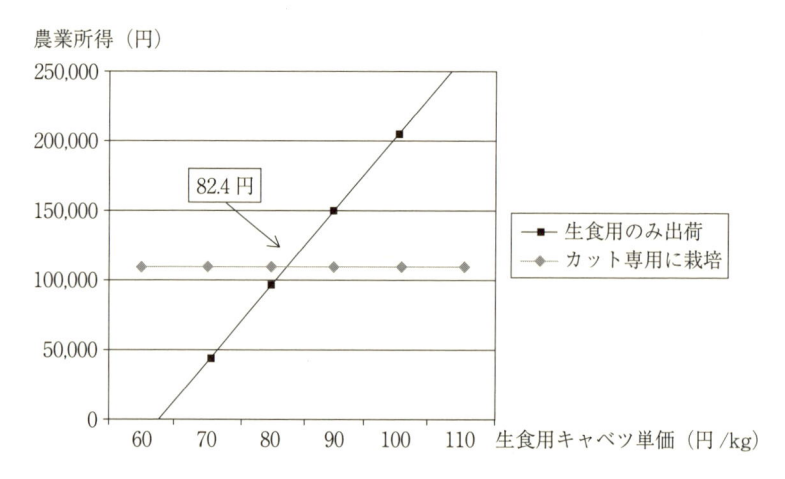

図2-2　生食用栽培とカット用栽培の農業所得の比較
資料：表2-9、表2-10より作成
注1：収量は、生食用栽培が5500kg、カット用専用栽培が6435kgとして計算

$$\text{Aタイプ} = 5{,}000\,(\text{kg}) \times \text{X}\,(\text{円}/\text{kg}) - 344{,}304 \quad \cdots\cdots\cdots\cdots\cdots ②$$
(Xは生食用キャベツ単価)

となる。よって、①②より両者の交点を求めると、X＝82.4円/kgとなる。つまり、生食用キャベツの単価が82.4円以上のときは、Aタイプの方が有利で、82.4円以下のときはCタイプの方が有利だということが分かった。

2）AタイプとBタイプの比較

先ほどと同様、生食用栽培は、生食用キャベツの単価を60～110円/kgに変化させ、カット用は取引価格を60.9円/kgの一定価格とした。また、Bタイプの場合、粗収益・経営費は、カット用出荷の割合に応じて計算し、両タイプの10a当たり農業所得を比較した。その結果が図2-3である。

農業所得(円)のグラフ

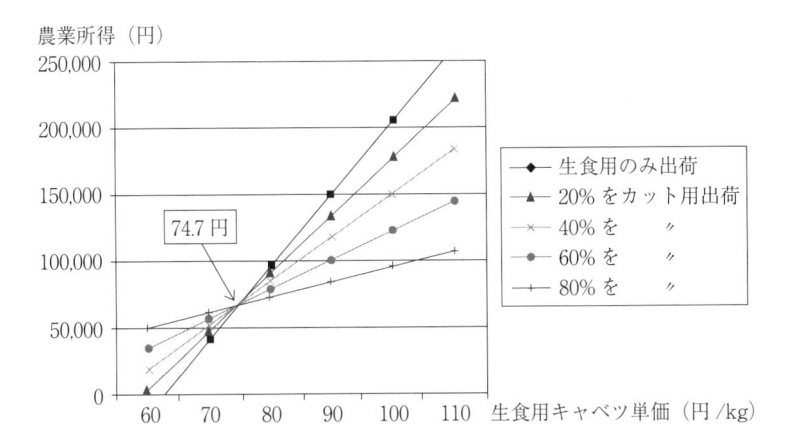

図2-3 生食用栽培しカット用に出荷する割合別農業所得の比較
資料:図2-2と同様
注:生食用栽培なので、収量は両者とも5500kgで計算

Bタイプの10a当たりの農業所得は次のように計算できる。

$$\text{Bタイプ} = \{5,500(\text{kg}) \times Y(\%) \times 60.9(\text{円／kg})$$
$$+ 5,500 \times (100 - Y)(\%) \times X\} - Z$$
(Xは生食用キャベツの価格)
(Yはカット用に出荷する割合)
(ZはBタイプの経営費)

これをもとに、カット用への出荷割合を変化させた場合ごとの農業所得は、

20%をカット用へ出荷の場合 = 5,500(kg) × X(円／kg) − 314,149(円)…③
40%を 〃 = 5,500(kg) × X(円／kg) − 283,995(円)…④
60%を 〃 = 5,500(kg) × X(円／kg) − 253,841(円)…⑤
80%を 〃 = 5,500(kg) × X(円／kg) − 223,687(円)…⑥
(Xは生食用キャベツの価格)

となる。よって、②と③④⑤⑥の交点を求めると、X = 74.7円／kgとなる。

つまり、生食用キャベツの単価が74.7円以上のときは生食用のみに出荷する方が有利である。また、74.7円以下のときはカット用にも出荷した方が有利で、カット用に出荷する割合が高い方が農業所得は高くなる。

3）BタイプとCタイプの比較

BタイプとCタイプにおいても、キャベツ単価を70～120円／kgに変化させて、10a当たり農業所得の比較を行う。

①③より、CタイプとBタイプの20％をカット用に出荷する場合の交点を求めると、X＝84.4円／kgである。また、①④より40％をカット用に出荷する場合との交点は87.6円／kg、①⑤より60％では94.0円／kg、①⑥80％では113.3円／kgとなる。

つまり、生食用キャベツの単価が84.4円以下ではカット専用栽培が所得上は有利であり、113.3円以上では生食用栽培しカット用にも出荷した方が有利であることが分かった。また、単価が84.4～113.3円の間は、カット用に出荷する割合によって両タイプが有利、または不利が決まった。

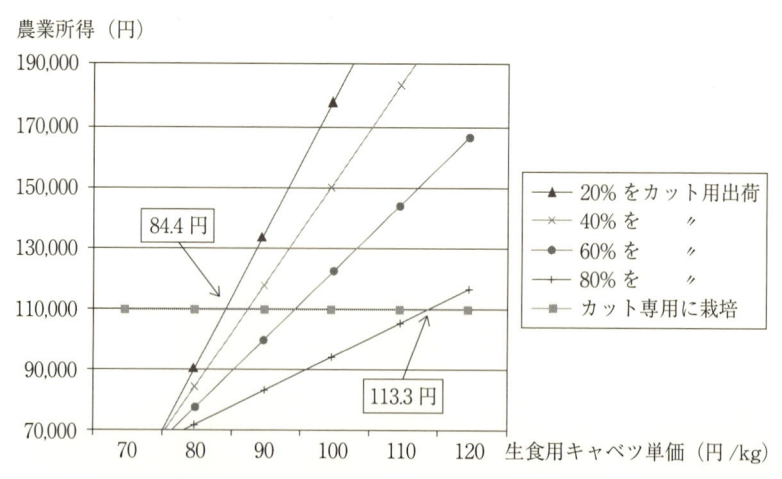

図2-4　カット専用栽培と生食用栽培しカット用にも出荷する場合の農業所得の比較
資料：図2-2と同様

4）小 括

　以上の3タイプの10 a 当たり農業所得を一つの図にまとめたものが図2-5である。ここからわかるように、生食用キャベツの単価によって、どのタイプが有利かは異なる。例えば、生食用のみ出荷は、キャベツの単価が82.4円以上ならば最も有利であるが、74.7円以下であれば最も不利になる。

図2-5　3タイプの農業所得の比較
資料：図2-2、図2-3、図2-4より作成

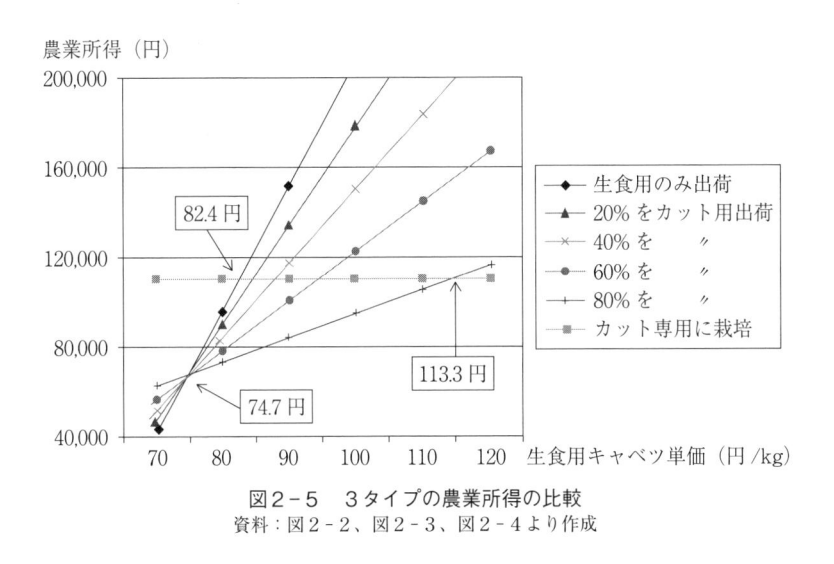

表2-11　3タイプの10 a 当たり農業所得における有利性の比較

キャベツの市場価格（／kg）	有利性の比較
82.4円以上	Aタイプが最も有利
82.4～74.7円	Cタイプ＞Aタイプ＞Bタイプ
74.7円以下	Cタイプ＞Bタイプ＞Aタイプ

資料：図4-4より作成

　そこで、岡山産キャベツの平均価格を基準にして考察する。平均価格は表2-12より80円／kgである。そしてこのとき、3タイプの10 a 当たり農業所得は①～⑥より、表2-13になる。

このときCタイプの「カット専用に栽培する」が最も農業所得が高くなり、Aタイプの「契約に参加せず生食用のみに出荷する」が2番目となった。そして、JA岡山で行われているBタイプの「生食用栽培しカット用に出荷」の農業所得は、Aタイプ、Cタイプに比べて低いことがわかった。

表2-12 岡山産のキャベツの年間価格（円／kg）

	市場価格
2003年	72
2004年	89
2005年	92
2006年	84
2007年	69
2008年	76
6年間の平均	80

資料：農林水産省「青果物産地別卸売統計報告書」

表2-13 生食用キャベツ80円／kg時の農業所得の比較
（円／10a）

	農業所得	
カット専用栽培	109,029	→Cタイプ
生食用のみ出荷	95,695	→Aタイプ
20％をカット用出荷	89,879	Bタイプ
40％を 〃	84,063	
60％を 〃	78,247	
80％を 〃	72,431	

資料：図2-5、表2-13より作成

(4) 3タイプの1時間当たり農業所得の比較

続いて、1時間当たりの農業所得についてみていく。Bタイプの作業時間は、カット用へ出荷する割合に応じて、作業時間が短縮されるものとして計算する。よって、それぞれの1時間当たりの農業所得は次ページの図式のようになる。

そこで、生食用キャベツ単価を70～120円／kgに変化させたときの、3タイプの1時間当たり農業所得をまとめたものが図2-6である。

第2章　産地における業務・加工用野菜の普及に関する現状と課題　61

```
Aタイプ＝②／124時間………⑦
Bタイプ
  20％をカット用へ出荷の場合＝③／116.6（時間）………⑧
  40％を　　〃　　　　　　＝④／109.2（時間）………⑨
  60％を　　〃　　　　　　＝⑤／101.8（時間）………⑩
  80％を　　〃　　　　　　＝⑥／ 94.4（時間）………⑪
Cタイプ＝①／87時間………⑫
```

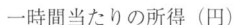

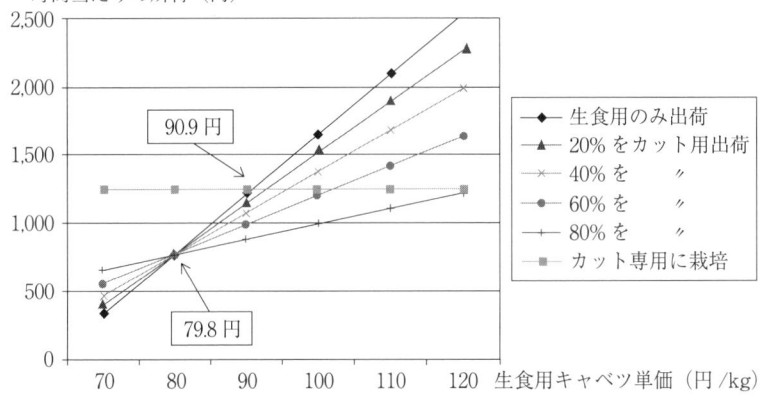

図2－6　3タイプの1時間当たり農業所得の比較
資料：図2－5より作成。
　注：生食用栽培の労働時間は124時間、カット専用栽培の労働時間は87時間と設定

　1時間当たりの農業所得でも、どのタイプが有利かはキャベツの単価によってさまざまであることがわかった（表2－14）。例えば、生食用のみ出荷は、キャベツの単価が90.9円以上ならば最も有利であるが、79.8円以下のときであれば最も不利である。
　よって、ここでも岡山産キャベツの平均価格である80円／kgを基準として考えてみる。その結果が表2－15である。

表2-14 3タイプの1時間当たり農業所得における有利性の比較

キャベツの市場価格	有利性の比較
90.9円以上	Aタイプが最も有利
90.9～79.8円	Cタイプ＞Aタイプ＞Bタイプ
79.8円以下	Cタイプ＞Bタイプ＞Aタイプ

資料：図2-6より作成

表2-15 生食用キャベツ80円時の1時間当たり農業所得の比較
(円／時間／10a)

	1時間当たり農業所得	
カット専用栽培	1253.2	→Cタイプ
生食用のみ出荷	771.7	→Aタイプ
20％をカット用出荷	770.8	Bタイプ
40％を 〃	769.8	
60％を 〃	768.6	
80％を 〃	767.3	

資料：図2-6、表2-14より作成

このときもCタイプが最も農業所得が高くなり、Aタイプが2番目、そして、Bタイプは1時間当たりの所得が最も低くなった。

（5）経営収支の考察

岡山産キャベツの平均価格（80円／kg）で比べた場合、「カット専用栽培」が農業所得、1時間当たりの所得ともに最も高くなり、「生食用栽培しカット用に出荷」は最も低くなった。

もし生食用キャベツの単価が上がった場合でも、90.9円以下なら1時間当たり所得はカット専用栽培の方が高い。過去6年間のうち、90.9円以上になったのは2005年の1回だけである。農業所得は、生食用キャベツの単価が82.4円以下ならカット専用栽培の方が高い。過去6年間のうち、82.4円以上になったのは3回あるが、平均価格は80円を下回っているということに加え、契約取引により販売価格が一定で、経営が安定するというメリットもある。

第5節　おわりに

　本章では、岡山県内の2事例を分析し、業務・加工用野菜に取り組むことの意義と課題について考察を行った。

　業務・加工用野菜に取り組むことにより、生産者にとって経営安定効果、作業軽減効果、費用削減効果があることが分かった。また、これらのことからJA岡山では、生食用と比較してカット用に経済的メリットがあることが分かった。

　ＪＡ倉敷かさやでは、経済的なメリットは見られなかったが、生産者が大規模経営を志向することから、労働粗放的なカット用生産を行っているものと推察された。

　課題について、ＪＡ岡山では、契約栽培への参加者の安定確保であった。当地域では優れた栽培技術を持つ生産者は高単価を狙うため市場出荷への志向が強い。しかし、若手農家や新規参入者は経営の安定化に魅力を感じているので、彼らを積極的に勧誘することが産地の安定化につながるだろう。

　ＪＡ倉敷かさやでは品質の向上と出荷量の調整・確保が課題である。どちらもカット業者との信頼を得るために必要であり、これによって取引価格の上昇が期待できるとともに、クレームを防ぎ契約そのものを安定継続させることができる。このためには個々の生産者が取り組む必要もあるが、産地という統一的な視点から収穫・出荷を行うと同時に、技術の高位平準化目指すなど、生産者の一体的取り組みが必要である。

【註】
1）参考文献5）を参照
2）参考文献8）を参照

【参考文献】
1）斎藤修「青果物フードシステムの革新を考える」農林統計協会、2005
2）福田稔「食料経済論」明文書房、1998
3）戸田博愛「野菜の経済学」農林統計協会、1994
4）小野沢康晴「野菜流通における契約出荷と市場出荷」農林金融、2004
5）日本施設園芸協会「加工・業務用野菜需要への取組に向けた品目別・用途別ガイドライン」2008
6）斎藤義一・三原成彬「生活部流通とマーケティング活動」筑波書房、2005
7）鴻巣正「実需を起点とした野菜供給の課題」農林金融、2004
8）農畜産業振興機構「野菜の生産・流通と野菜制度の機能」農林統計出版、2011

第3章
◆
農業協同組合における業務・加工用野菜の産地への普及に関する役割

第1節　はじめに

　ＪＡはこれまで産地において、栽培技術指導や農産物の販売活動など、重要な役割を果たしてきた。しかし、担い手の高齢化による産地の縮小や、野菜価格の低迷による販売手数料収入の減少などの課題も抱えている。そこで、需要の増加している業務・加工用野菜に注目し、これまでは一般消費者用を主に生産をしていた産地やＪＡも取り組みを開始してきている。また、ＪＡグループにおける経済活動の担い手である全国農業協同組合連合会（以下、全農）も取り組みを本格化させている。2012年度の事業概況では、「外食・中食業者、食品メーカー等取引先の開拓や周年供給体制の構築による加工・業務向け販売の拡大（317億円、前年比101％）」「国産冷凍野菜製品、果実製品の取扱拡大（2,000千万円、前年比264％）」と、事業を拡大している。

　しかし、業務・加工用野菜の流通、マーケティングに関する先行研究では、産地や中間事業者、実需者の取り組みについての事例分析が中心である。このように、業務・加工用野菜への取り組みにおいて重要な位置にいるにもかかわらず、ＪＡや全農の役割に焦点を当てた研究はあまりない。そこで本章では、以下の３点をもとに、ＪＡグループに求められる役割を明らかにする。

すなわち、第1に、第2章で取りあげたＪＡ岡山とＪＡ倉敷かさやの対応を参考に、産地におけるＪＡグループに求められる役割を整理する。第2に、ＪＡ三重中央の事例より、ＪＡが原料野菜の生産だけでなく、加工事業まで取り組むことの意義について考察する。第3に、全農による業務・加工用野菜流通の全国ネットワーク化機能について考察する。

第2節　業務・加工用への取り組みの意義

　業務・加工用野菜が注目され、徐々に生産への取り組みが広がっているが、農業法人と比較すると、その数は少ない。2007年に農畜産業振興機構が行った調査によると、契約取引を行っているＪＡが50.3％に対して、農業法人は65.9％であった。また、販売金額に占める契約取引の割合は、ＪＡが0～20％の層が79.3％なのに対して、農業法人は80～100％の層が41.8％であった。この要因として小野沢は、①生産者の契約意識、②市場出荷との間のチャネル管理、③事務コストやデリバリーコストをまかなう手数料確保や、効率的なデリバリー体制の構築、④市場決済とサイトが異なる場合の対応、⑤与信管理体制の整備などを、ＪＡが取り組む際の制約条件になっていると指摘している[1]。

　しかし、農畜産業振興機構が13年に行った調査によると、業務・加工用野菜を出荷するＪＡの36.7％は、3年前と比較して取り組みを拡大させている。また、業務・加工用野菜は輸入物が30％あり、その部分を国内産にへ移行させていくことは、国内産地やＪＡにとって大きなビジネスチャンスとなるだけでなく、食の安全を求める実需者や消費者の要望に応えることになる。そこで、産地や生産者が業務・加工用野菜へ取り組むために、ＪＡグループが果たすべき役割を考察していく。

第3節　農業協同組合が果たすべき産地への普及に関する役割

　第1章で整理したように、生食用野菜と業務・加工用野菜とでは、品質面や流通面で大きく異なることが明らかとなった。特徴的な違いは、品質面において、生食用野菜は外見や、見栄えを重視するのに対して、業務・加工用野菜は加工適正を持つ品質が重視される。とくに、従来からあった「業務・加工用野菜は裾もの対策」といった認識は改める必要がある。流通面において、生食用野菜は卸売市場経由が多いのに対し、業務・加工用野菜は生産者や産地との直接契約取引が多いことが特徴であった。さらに契約取引には、契約書類の有無や価格決定方式、取引の類型、などさまざまなタイプがある。契約取引のタイプによって、取り組みの継続性や取引価格にも影響するため、ＪＡは自らに合ったタイプを選択し、業務・加工用野菜への対応をする必要がある。

　そこで、第3章で取りあげたＪＡ岡山とＪＡ倉敷かさやの対応を参考に、とくに、営農指導事業と販売事業について整理していく。

1　営農指導事業

　営農指導事業は生産者の経営に直接かかわることから、ＪＡの中心的な事業である。その内容としては次の5点にまとめられる[2]。①長期営農計画に基づき、生産体制をつくるとともに、個々の生産者の営農設計を指導する。②品質や規格を揃えるために、品種や栽培技術を統一する。③生産者を作目ごとに組織化して栽培技術の情報交換をすすめ、組合員の技術を高める。④地域農業の中心となる農業経営者の育成・確保。⑤消費者ニーズに積極的に応える安全・安心な農産物の生産・販売を勧めることである。

　これらに基づき、営農指導事業に求められる役割を、以下の4点に整理した。第1に、契約参加者（担い手）の確保である。ＪＡおかやまでは既存の

作目別部会を通じて説明会を開催し、業務・加工用に理解を示した生産者を募集していた。また、新たに専門部会を作って対応をするという方法もある。専門部会を立ち上げた方が契約参加者の意識が高まるので、契約の履行率が高まるだけでなく、品質や技術向上に役立つことが期待される。

第2に、業務・加工用野菜の栽培技術や適性品種の普及である。ＪＡ倉敷かさやのように、業務・加工用野菜も品質が価格に影響する。よって、指導員は生食用野菜と同様、品質の向上に努めなければならない。そのためには、普及員や試験場との情報交換も必要である。

第3に、細やかな栽培計画の策定である。生食用野菜のように作ったものを売るのではなく、予め出荷量や時期が決まっているため、計画的な栽培が必要である。これには、個々の生産者ではなく、産地として統一的に取り組む必要があるので、その役割にＪＡが期待される。

第4に、栽培管理体制の構築である。近年、食の安心・安全から、原料野菜に対しても安全基準が厳しくなっている。そのため、農薬の誤使用や異物の混入を防がないといけない。個人で取り組むと、それぞれの裁量で判断してしまうので、産地として安全基準を決める必要がある。

2　販売事業

共同販売のおもな目的は、産地の荷を集め、市場へ計画的かつ大量に供給するので価格形成に影響力を持たせることであり[3]、卸売市場への販売を前提としている。

しかし、ＪＡ岡山はカット用を市場出荷ではなく、契約取引をしているため、契約への対応をしていた。具体的には、産地の実情に合わせた契約量や取引価格の交渉や、契約そのものを長期安定させるためカット業者と調整を行っている。また、生食用に比べ、より厳密な出荷計画の実施が必要であり、生産者は栽培計画に従った時期に、決められた量を確保し出荷しなければならない。こうした出荷量調整を行うのは個々の生産者では困難で、ＪＡが生産者をまとめ、産地として出荷量を調整する必要がある。

とくにＪＡ岡山は、出荷調整機能を二段構えにしている。まず、出荷量を確保できない生産者が出た場合は、ＪＡが他の生産者に早期出荷を促すなどの産地内で調整を行っている。次に、それでも確保できない場合は、全農おかやまが冷蔵庫に保管しているキャベツを供出する、あるいは、県内にある他産地からの調達で調整を行っている。ＪＡ岡山が全農を経由して取引する理由はここにあり、手数料を要したとしても、こうした調整ができるからである。また生産者も、ＪＡが調整をすることにより、生産に専念できる。

以上のように販売面においては、契約という販売交渉を行うことや出荷量と時期を厳密に調整するといった、生食用とは異なる対応が必要であった。

これらの取り組みは、業務・加工用野菜へ取り組むために必要なＪＡの果たすべき役割である。さらに、生産者の所得向上を目指すために、ＪＡには経営指標づくりが求められる。実際の生産者は、第４章で示したような経営収支の試算を行わず、経験に基づき感覚で意思決定しがちなので、経営指標作りがＪＡには求められる。このように数量化すると、誰にでも分かりやすく、適切な営農方法により所得の向上も可能になる。

第４節　ＪＡ三重中央による野菜加工事業への取り組み

１　ＪＡ三重中央の概要

ＪＡ三重中央は三重県の中央に位置し、1988年２月１日に美杉村・白山町・一志町・久居市の４農協が合併して設立された。2006年行政合併により津市となる。当ＪＡの主な野菜はキャベツ、ダイコン、ニンジン、ハクサイ、ナバナである。うちキャベツは水田の裏作で生産されており、面積は約160haである。

地勢は、西部に布引山系が連なり、青山高原を境に阿山郡・名賀郡、南西に向かって奈良県に接し、境界には管内最高峰の三峰山がある。この山を源流として出雲川が中央部を流れ、約2,000haの水田を灌漑しながら伊勢湾に注いでいる。山林が多く、耕地は少ないが、年間平均気温は15℃、降雨量

は1,800mmと温暖な気候である。

2006年よりＪＡとしては珍しく、多種類の野菜を扱うカット工場「ベジマルファクトリー」の操業を開始させた。そのほかの取り組みには、1995年より特産品である米や米加工品の通信販売を開始したりと、先進的な取り組みが見受けられる。

2　ベジマルファクトリーの概要

ベジマルファクトリーは管内の野菜に付加価値をつけて売ることを目的に、ＪＡ三重中央によって設立されたカット野菜工場である。名前の由来は、ベジタブル（野菜）＋マルシェ（仏語で市場、まるごと新鮮）を合わせている。現在売り上げ約4億円で対年比150％で伸びている。こだわりは地元の野菜を活かす商品作りと、地元野菜以外を使用するときでも輸入品は使わず新鮮なカット野菜を作ることである。カット野菜を始める以前も、加工品への取り組みはあり、豆腐や餃子などを作っていた。しかし、加工品となると野菜以外の材料を集めなければならず、また地元のキャベツを最大限活かすためにカット野菜工場を設立した。

2003年：野菜の売り方を模索するため、営農部にマーケティング課を設立（のちにベジマルファクトリーになる）
2004年：現組合長が就任。元牛肉加工会社に勤めており、野菜においても「ただ作っては売るだけではだめだ」との発想から、カット工場設立を考案。
2005年：農林水産省「平成17年度経営構造対策事業」にカット工場の事業計画を認可される。
2006年：竣工、操業開始

図3-1　ベジマルファクトリーの沿革

3　地元への影響

重量ベースで約40％の野菜は管内から集める。カット野菜を始めるにあたり生産者に参加者を募ったところほぼ全員が希望し、かなり意欲的であった。現在は絞り込み契約生産者は78戸が登録し、1日約6.5ｔの野菜が運ば

れてくる。取引価格は生産者が再生産可能な価格で、かつ市場出荷よりも所得が向上するように設定されている。また、市場では水曜と日曜が休みのため、生産者は出荷できないが、ベジマルの休みは日曜だけなので、生産者は週6日出荷できるようになるので、労働が分散されるというメリットがある。

生産者以外への効果としては、ベジマルファクトリー周辺には企業が少ないため、貴重な雇用機会を創出している。現在パートとして地元の主婦など約80人を雇っている。

4　ＪＡが行うことの強み

業務・加工野菜は、生産された野菜を、一般の民間企業が引き取り、加工するというのが普通である。しかし、生産者団体であるＪＡが、原料野菜の生産から加工までをすることによって、一般の民間企業との取引にはない強みが存在する。第1に、情報伝達がスムーズである。第2に、普段からの営農指導を通じて収量調整や出荷量調整が比較的容易にできる。第3に、ＪＡがカット野菜を作っているということで、実需者に安心感を与えられる。具体的には、商品名は「農協さんのトマトサラダ」などとし、農協の名前を前面に出した販売戦略をとっている。販売先は外食や中食、学校給食などの業務用のほか、スーパーや生協など一般消費者にも出荷している。

5　今後の可能性

第1に、現在管内で作ってはいないが、安定してカット野菜として需要のあるネギなどについては、今後管内で生産を勧めていく。第2に、食料残さが1日当たり1.5t発生するので、これを堆肥や飼料として地元で利用し、資源の循環を目指している。第3に、農産物の売り方の工夫によって、営農事業を黒字化し、組織として経営の健全化を目指している。とくに、他のカット業者との商品や販路の差別化に力を入れている。

第5節　全国農業協同組合連合会による流通機能の全国ネットワーク化

　平成20年度に野見山らが行ったアンケート調査によると、ＪＡが契約取引開始のきっかけは「全農・経済連などを通して」（30.4％）、「自ら取引先などを開拓」（12.7％）となっており、系統流通を活かした取引が多いという結果であった。また、中田によるとＪＡによる直販事業は「ノウハウ・人材を確保・育成し、リスク・コントロールできる体制を整備することが喫緊の課題と考えている。またこうした体制の整備の必要性や運営効率などを考えれば、直販はＪＡ個々に取り組むよりも全農が中心となって県域、さらには広域で取り組むことが合理的であると考えている」としている。

1　概　要

　2006年に、全農の園芸農産部の一つである東日本園芸農産事業所に業務直販課が設けられ、2012年には新たに本所で専門部署を立ち上げ、取り組みを行っている。取り組みのきっかけは、業務・加工用野菜における国産の原料比率が低いことからである。販売先は、カット工場や冷凍工場、外食・中食業者、大学生協など。現在、販売社数は約100社で、毎年新規で10～20社増化している。こうした販路の開拓は、飛び込み営業や全農の他部門からの紹介、実需者からの依頼などである。平成23年度の業務・加工用野菜の販売高は316億円で、扱い品目は多岐にわたる。全農県本部や経済連ごとにカルテを作るように指示し、どこの生産者がいつ、どれだけの量の品目を作っているのかをまとめている。そうすることで売り込みに行ったとき、実需者のニーズ（何の野菜が、いつ、どれだけの量が欲しいのか）に合った供給の提案が速やかにできる。

　産地への生産振興に関しては、年3回担当者会議を開き、各県から参加を募っている。2011年6月に行った会議では40都道府県の担当者が出席し、

関心が高まっている。各JAや全農県本部が全農を活用する最大の理由は、与信管理のためである。各JAが契約先を一つひとつ信用調査や代金回収を行うことは困難である。そこで全農が代行し、生産者に対しては必ず代金を払うことが約束されているから、JA側はリスクを減らすことができる。また、野菜を仕入れる実需者に対しても、全農はブランド力を発揮している。品質への安全安心や、取り扱い規模や野菜流通の実績から、もし契約上の問題が発生しても適切に対応してくれるので、商系（商社・産地商人）からの仕入れよりも、価格が多少高くとも全農が選ばれている。

　全農の取り組みの特徴としては、次の3点があげられる。

　第1に、23の全農県本部、経済連、県JAと契約し、系統流通を活かした販売を行っており、生産はJAが、販売は全農が行うという役割分担ができている。産地との契約拡大のために、年に数回、説明会を開催している。産地側は業務・加工用野菜の取り組み方について、まだ十分把握できていないため、資料などを用いて理解を深めてもらっている。

　第2に、リレー体制をコーディネートしている。これは、一つの産地では周年供給できないため、3～4の産地による供給リレー体制を構築している。

表3-1　業務・加工用原料野菜のおもな契約産地

原料野菜	主な契約産地
タマネギ	府県産・北海道産
寒玉キャベツ	秋田・山形・群馬・長野・滋賀・佐賀　他
ニンジン	長崎・鹿児島・他
ジャガイモ	長崎・鹿児島・北海道　他
白ネギ	山形・秋田・茨城・宮崎　他
レタス	熊本・長崎・佐賀・埼玉・長野　他
キュウリ	宮崎・埼玉・群馬　他
白　菜	北海道・群馬・茨城・三重　他
トマト	栃木・岐阜・熊本・宮崎　他

資料：ヒアリング調査より作成
注：契約先は2011年12月時点のもの

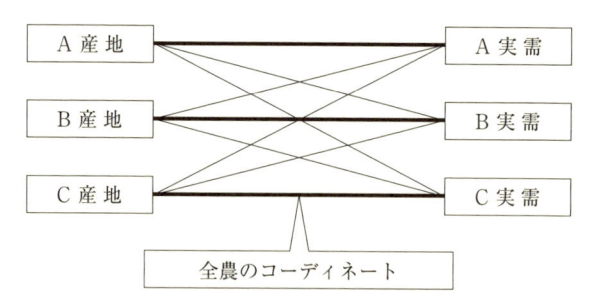

図3-2　全農による補完的供給体制のイメージ

全国の産地と契約することで年間安定供給体制が整えられることでき、実需者に売りこみやすい。

　第3に、数量確保のため、同じ時期に同じ品目の複数の産地と契約を結んでいる。そのイメージを図3-2で示した。A産地の野菜はA実需者に、B産地の野菜はB実需者に、C産地の野菜はC実需者に供給されるということが予め契約により決まっている。しかし天候等の影響により、B産地で生産量が不足するようなことがあれば、A・C産地からもB実需者に向けて出荷を行うといった、補完的供給体制を構築している。あくまで補完的な体制のため、産地間による競争は起こらないことになる。

2　全農の流通型の分析

　次に、ＪＡ―経済連・全農県本部―全農―実需者の取引について分析を行う。ＪＡが全農を活用した場合の流通関係は図3-3のように表せる。

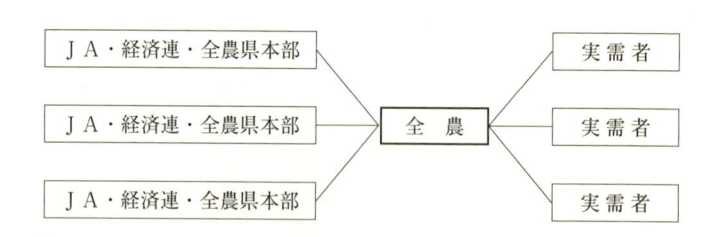

図3-3　全農をハブとした流通形態

ＪＡと実需者がそれぞれ取引を行うのではなく、全農が取引のハブ（中心部）となり、ここからＪＡ、実需者にスポークをのばす形となっている。ハブ・アンド・スポークはもともと航空輸送形態のことで、拠点の空港（ハブ）に人や荷物を集中させ、各拠点（スポーク）に分散させる方式である。

　特徴でもあげたように、全農がリレー出荷体制の構築や、数量調整を行っていることから、全農が中間事業者の役割を果たしている。このようなハブ・アンド・スポーク型物流には、次の４点の効果があげられる。

　第１に、取引総数極小化の原理が働くことである。もともとは、Ｍ・ホールが卸売市場の存在意義を主張した時に用いた原理だが、ハブ・アンド・スポーク型物流にも当てはまる。ＪＡ三者は生産効率を高めるために互いに異なる品目を生産するのに対し、実需者三者は品揃えのためにそれぞれがＪＡ三者と品目を仕入れるものと仮定する。そうすると、図３−４のように全農が介在しない場合の総取引回数は「３×３」で９回となる。一方、全農が介在する場合（図３−３）は、全農がＪＡ三者の品目を取り揃えるため、総取引回数は「３＋３」の６回となり、取引総数を３回減らしたことになる。例えば、牛丼チェーン店などは材料品目が数種類で済む場合もあるが、レストランや食堂などは材料品目が数十〜数百種類にも及ぶ場合がある。そのような量の品目をそれぞれの産地と契約を結ぶのは、実需者にとっては大変なコストである。そこで、さまざまな品目を大量に扱う全農を経由することで、取引先数を抑えることが可能である。このようなことから、大学生協では学生食堂の材料仕入れを全農からの仕入れに移行しており、全国に10ブロッ

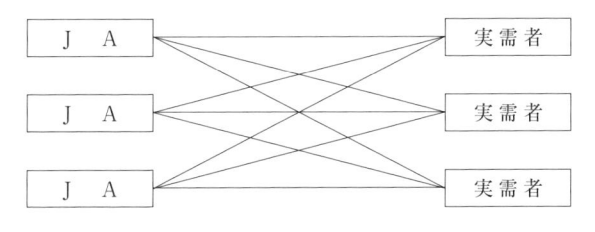

図３−４　ハブ機能がない場合の流通形態

クある大学生協の内、東海から北海道ブロックの4ブロックは野菜の仕入れを全農に一元化している。もちろん、野菜の安全安心に配慮されていることも大きな要因である。

　第2に、取引総数が減少することで、取引コストが削減される。取引コストとは、①交渉をしようとする相手が誰であるかを見つけ出すこと、②交渉したいこと、どのような条件で取引しようとしているのかを人々に伝えること、③成功に至るまで様々な駆け引きを行うこと、④契約を結ぶこと、⑤契約の条項が守られているかを確かめるための点検を行うこと、などである[4]。これらを個々のJAで行っていては多大なコストがかかってしまう。

　第3に、取引にかかるリスクの回避が可能である。業務・加工用野菜の取引では、「定時・定量・定品質」が求められる。例えば天候不順などにより出荷量を確保できないとなると、実需者からペナルティを科されたり、産地が卸売市場から不足分を購入し実需者へ納めなければならない場合がある。実際に業務・加工用野菜への取り組みを開始しても、定時・定量が守れなかったり、取引コストが大きすぎて、数年で止めてしまう場合も少なくない。一方で、実需者は安定供給を望むことから、長期間の取引関係を望んでいる。そういった互いのミスマッチを解消するためにも、中間事業者の役割を担う全農を活用している。

　第4に、アンバンドリング化による専門性の追求である。総合JAはさまざまな事業を通じて、組合員に多様なサービスを提供してきた。しかし業務・加工用に関しては、物流が多様化し高度な販売機能が必要とされるので、販売機能を全農に分離（アンバンドリング：機能の束がばらけること）させ、JAは生産に、全農は販売に特化した方が効率的な取引が可能である。

3　全農による流通機能の全国化

　JAによる業務・加工用野菜への取り組みの流通では、カット野菜業者や加工業者がハブ（中間事業者）となっており、全農の取り組みでは全農自身がハブとなっていた。

全農の取扱量は大規模であり、多数の販売先を確保していることから、産地の生産量の過不足にも対応しやすい。取扱品目や量が多く、周年供給体制を構築しているので、実需者にとっては複数産地とそれぞれ契約する必要がなく、全農との取引だけで済む場合がある。産地にとっては、全農が販路を開拓し、契約を結び、販売を行ってくれるので、業務・加工用野菜に取り組みやすいといえる。しかし、全国的な取扱いをしていることから、産地と実需者の立地関係が遠距離の場合は両者の交流が生まれにくく、全農を介していることで相手の顔が見えにくい場合がある。また取扱量が多いため、特殊野菜や品質など市場の細やかなニーズまで対応しきれないことがあげられる。

その一方、藤枝の行った調査によると、カット野菜業者や加工業者の多くは小・中規模の事業者であり、原料調達も近場の地域から行う場合も多い。そのためＪＡ三重中央であげたような地域密着型カット野菜工場は、生産者との交流が生まれやすいといえる。生産者とも日常的な交流は信頼関係の構築につながり、取引の安定化が可能である。しかし、一産地での取り組みでは、施設野菜以外は周年供給が難しいことや、天候不順などによる生産量の不足が発生してしまうリスクが大きいと言える。そのため、カット野菜業者などの中間事業者を介した取引を行うことで、リスクを回避している。

また、多くのＪＡはカット野菜事業など野菜の加工を行っていない。その理由は、カット野菜事業は高度なカット技術や衛生管理が必要なため、参入するためのコストが大きいからである。そのため、全農は中間流通業者として集分荷機能に特化することで、これまでカット野菜業者が負っていた数量調整のリスクを負担している。系統流通による取り組みでは全農がハブとなり、各ＪＡをスポークで結合することで、効率的な取引が可能となり、全農の集分荷機能、ＪＡの生産指導機能、カット野菜業者の野菜加工機能の専門性を追求した取引形態であることが分かった。

【注】
1) 参考文献4）を参照
2) 参考文献11)、pp.60-61を参照
3) 参考文献11)、pp.63-65を参照
4) 参考文献9）を参照

【参考文献】
1) 尾高恵美「JAグループにおける農産物販売力強化の取組み」農林金融、2012
2) 佐藤和憲「産地マーケティングの主体的な新展開」農業と経済、2007年10月号
3) 中田哲也「青果物流通の構造変化と全農園芸事業の対応方向」農業と経済、2007年10月号
4) 小野沢康晴「野菜流通における契約出荷と市場出荷」農林金融、2004
5) 農畜産業振興機構月報野菜情報「加工・業務用野菜需要に対する産地の取組みについて（1）」2009年7月
6) 中田哲也「青果物流通の構造変化と全農園芸事業の対応方向」『農業と経済』2007年10月
7) 小林茂典「野菜の用途別需要の動向と対応課題」『2012年3月6日開催　農林水産政策研究所研究成果報告会資料』2012年3月。
8) 伊藤元重「伊藤元重のマーケティング・エコノミクス」日本経済新聞社、2006
9) ロナルド・H・コース「企業・市場・法」宮沢健一・後藤晃・藤垣芳文訳、東洋経済新聞社、1993
10) 藤枝洋二「カット野菜の市場実態と業界の取組み」『カット野菜実務ハンドブック』長谷川美典編著、サイエンスフォーラム、2002年8月
11) JA全中「わたしたちとJA」2007

第4章
中間事業者としての卸売業者の販売戦略

第1節 はじめに

　青果物の市場経由率低下が続いている。その要因として、業務・加工用需要が増大し、それらの流通が卸売市場を経由していないことがあげられる。このため、青果物卸売業者は受託手数料が減り、経営状態が悪化している。卸売業者も、業務・加工用需要にいかに取り組むかが、重要な戦略的課題と

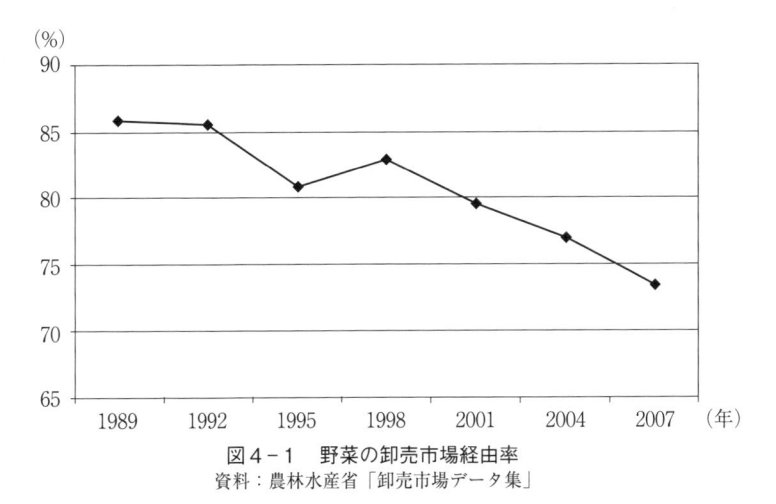

図4-1　野菜の卸売市場経由率
資料：農林水産省「卸売市場データ集」

なってきている。

そこで本章では、卸売業者でありながらカット野菜業にも取り組んでいる倉敷青果荷受組合（以下、クラカと略）と浜松ベジタブルを調査対象とし、卸売業者の業務・加工用への取り組みに軸をおいた経営戦略について考察する。

第2節　卸売業者を取り巻く環境の変化

1　市場流通をめぐる環境の変化[1]

市場経由率低下の要因として、以下の5点があげられる。第1に、1985年以降の円高や輸送技術の高度化により、輸入の増大と流通のグローバル化が起こった。第2に、供給量は横ばい、摂取熱量は減少しているため、供給過剰が続いている。第3に、人口の減少と高齢化が進展している。高齢者の食事の特徴として、惣菜など中食の利用度が高くなることがあげられる。第4に、中食の利用度が高くなることで、生鮮食品の家庭購入量が減少する。一方、外食・中食業者にとっては、調理作業の簡便化や、コスト削減、食品廃棄量を減少させることができることから、加工品流通量は増加していくと予想される。第5に、1999年と2004年に卸売市場法の改正が行われた。これにより、卸売手数料の弾力化や買付集荷の自由化など、卸売業者の業務範囲が広がった。

2　卸売業者における経営環境の変化

市場経由率は低下したが、法の改正により卸売市場の業務範囲は拡大した。そして、買付集荷の自由化により、以前は販売代行のみの業務に縛られていた卸売業者が、買い手となることも可能となった。このため、卸売業者自らが新商品の開発を行い、それにより販路を拡大するなど、独自の裁量によるマーケティングの視点を経営戦略に取り入れ、受託手数料に依存した経営体質から脱却できるようになった。しかし、このような状況にもかかわらず、

産地からの荷の奪い合いに力を注ぎ、受託手数料に依存している卸売市場も少なくない[2]。その一方で、増加する業務・加工用野菜を供給することで、活躍している卸売業者も見受けられ、二極分化している。

第3節　中間事業者の成り立ちと役割

　業務・加工用における輸入野菜の割合は増加しているが、近年では食の安全性確保のため、国産業務・加工用野菜の需要が高まっている[3]。そして、国産の業務・加工用野菜を増加させるために注目されているのが中間事業者である。中間事業者とは農林水産省の定義で「①自らリスクを負って国産農産物を所有（自ら生産又は生産者から購入）し、②食品製造業者等が求める形態・荷姿等で安定的に供給し得る機能を有し、自らが産地を育成・確保する者・部門」とされている。

　野菜産地と食品企業による1対1の直接取引では、先述した価格や数量確保、品質や流通面で問題が発生するため、食品企業は輸入野菜を使用してしまう。しかし、中間事業者が両者の間を仲立ちし、食品企業が求める形態・荷姿で安定的に供給することによって、これらの問題を解決できる。

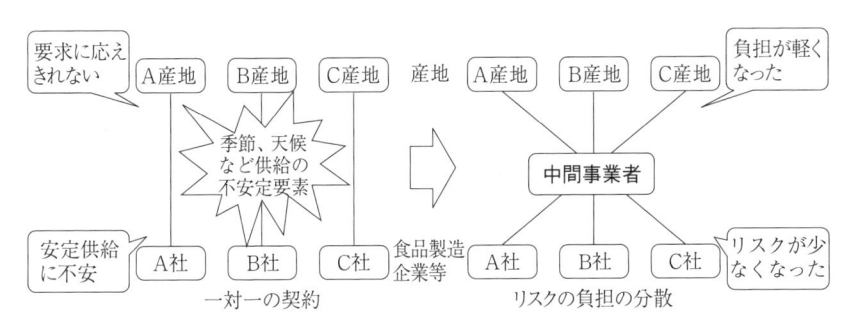

図4-2　中間事業者の役割
資料：農林水産省『「国産原材料による加工・業務用需要への対応指針」のポイント』2010年1月

第4節　生産者と実需者との協働による卸売業者の販売戦略

1　浜松ベジタブルの取り組み

　浜松ベジタブルは、浜松中央卸売市場の卸売業者である浜中が、カット野菜業を開始するために1995年に設立した会社である。取り組みのきっかけは、食の外部化が進み、野菜の供給の仕方が変化してきたこと受け、市場流通者として対応するためである。おもな販売先は、中食業者や外食業者、コンビニ業者、スーパーの総菜部門、給食センターなど約300社で、2011年度の売り上げは約33億円である。

　浜松ベジタブルの特徴として、次の3点があげられる。第1に、高いカット技術である。一つの野菜だけで切り方や切る大きさなどにより、数百通りの切り方がある。なかには通常のカット機械によるカットが難しい野菜や切り方があるため、地元の機械メーカーと協力して、独自のカット機械の研究・開発を行っている。機械の導入は生産性の向上に寄与するとともに、カット野菜は切り方により、カット後の野菜の鮮度や品質保持に大きな影響があるため、他社との差別化となっている。

　第2に、化学薬品を一切使用しない消毒方法である。一般的には次亜塩素酸を用いて殺菌を行うが、浜松ベジタブルではオゾン水と海産物精製品を使用している。次亜塩素酸に比べて殺菌コストは2～3倍かかるが、天然由来成分の殺菌により、安心・安全を追求している。

　第3に、地元のＪＡと、食品企業であるＪＡ遠州中央とロック・フィールド（以下、RF）との三者で協働型取引を行っていることである。このことについて詳しく述べていく。

2　ＪＡ遠州中央の取り組み

　ＪＡ遠州中央は静岡県磐田市に本店をおき、野菜のおもな栽培品目は、白ネギ、レタス、海老芋、チンゲンサイなどの中国野菜、トマトなどである。

　業務・加工用野菜に取り組むきっかけは、中国野菜の市場価格が低下し、これでは中国野菜の普及ができないという危機意識からである。取り組みに当たっては、2007年に営農振興部において、直接取引を専門に扱う特販担当グループを設けた。

　販売先は、当初は個人商店などへ出荷していたが、現在は浜松ベジタブル（カット野菜業者）を介したＲＦ（総菜業者）との取引を中心に、カット野菜業者、中食業者、外食業者など4社へ出荷している。取扱高は年々上昇し、2012年度は2億円を目標としている。

　生産者に係る手数料の合計は、市場出荷が11.5％（ＪＡ3％、市場8.5％）に対して、直販は15％（ＪＡ3％、ＪＡへの販売協力費12％）である。なお、ＪＡへの販売協力費の中には、輸送費や出荷コンテナの使用料などが含まれる。

　このように、取り組みを広げている背景として、ＪＡ遠州中央と合併した磐田青果物漬物販売農協連合会（以下、磐田青果連と略）の存在が大きい。磐田青果連は1948年に旧磐田郡の40農協が集まって設立された地区連合組織であり、優れたな販売活動と研究開発をしてきた。

　具体的に、販売活動については、戦後期の食料増産や、当時、本州からは未開拓の市場であった北海道への販売の開始、メロンなどの施設園芸の振興、海老芋や中国野菜などの差別化商品の導入、消費地域の嗜好に応じた品質の対応、などを行ってきた。

　研究開発については、「磐田」や「盤生」など地名入りのトマトや白ネギ、中国野菜の新品種や、貯蔵・輸送方法、育苗システムの開発などである。

　このような取り組みにより、'95年には取扱い販売品目数140、取扱高42億円であり、県経済連への合併をせず、自立した地区組織であり続けた。そして、'96年に磐田青果連参加農協に遠州森町農協を加えた広域合併を機に、営業区域が重なることからＪＡ遠州中央と合併をした。これにより、磐田青

果連の高い販売ノウハウを持つ職員が業務・加工用野菜を扱う特販グループの担当者となっている。

3 浜松ベジタブル、JA遠州中央、RFの三者による取引

　RFの本社は神戸にある大手中食業者である。西日本を中心に販売を行ってきたが、東日本にも販路を拡大するために、1991年に磐田市に総菜工場を竣工させた。しかし、JA遠州中央の地元にありながら、当初は直接的な取引はなかった。それが2007年になり、JA遠州中央が業務・加工用野菜に取り組みはじめ、翌08年にRFのキャベツの食味会に参加して高評価を得られたことがきっかけとなり、本格的な取引が開始された。

　取引は両者の直接契約を結ぶのではなく、浜松ベジタブルを介して取引を行っている。浜松ベジタブルがJA遠州中央から仕入れる野菜に関しては、約8割をRFへ納め、残りの約2割を病院や料亭へ出荷している。量が極端に少ないものは、RF以外の出荷先である病院等へ販売しているものと思われるが、23品目、約2,050万円の取引がある（表4-1）。契約価格は他産地の価格を参考にしつつ、そこから品質や規格などから付加価値や生産コストなどを考慮して決められているが、他産地と比較して高価格で取引されているのが特徴である（表4-2）。

（1）三者による会議の実施

　JA遠州中央は、浜松ベジタブル、RFとの間で月に一度は会議を行っている。会議の時間は2時間から半日をかけて、場所はおもにJA遠州中央の事務所で行っている。会議の内容は、商談や情報交換、圃場の視察などである。この会議により、JA遠州中央にとっては消費者の求めている作物や品種の把握が可能となる。また、業務・加工用は一般生食用とは求められる品質や販売方法が異なるため、このような会議により実需者から直接話を聞き、ニーズの把握が可能である。さらに、地元野菜を使用した、RFの新メニューへの提案なども行っている。RFや浜松ベジタブルにとっても、この会議は

表4-1 浜松ベジタブルとJA遠州中央の取扱品目、仕入れ量・金額(2011年度)

品　目	仕入れ量(kg)	仕入れ金額(円)	1kg当たり価格(円)	品　目	仕入れ量(kg)	仕入れ金額(円)	1kg当たり価格(円)
キャベツ(冬季)	6,060	787,800	130	チンゲンサイ	20,582	6,068,000	295
キャベツ(春季)	9,935	527,375	53	ターサイ	4,020	1,647,360	410
白ネギ	18,962	3,389,480	179	さいしん(油菜芯)	132	86,350	652
ほうれん草	10,185	2,510,650	247	香菜(シャンサイ)	82	122,250	1,500
紅芯大根	7,722	1,498,630	194	花ニラ	50	60,240	1,200
小松菜	6,156	1,969,600	320	紅くるり	76	15,200	200
水菜	2,997	1,106,480	369	ブロッコリー	200	40,000	200
メークイン	2,480	248,000	100	キュウリ	30	6,000	200
ニンジン	2,370	165,900	70	大根	6	600	100
ダンシャク	1,020	71,400	70	ミニ大根	4	4,900	1,225
かぶ	262	60,300	231	ラディッシュ	3	2,400	800
海老芋	120	98,880	824	合計金額		20,487,795	

表4-2 業務・加工用野菜価格におけるJA遠州中央と他産地との比較(1kg当たり)

品　目	JA遠州中央	他産地	理　由
冬季キャベツ	130	60	①オリジナル品種や高い栽培技術による、高品質野菜の出荷。 ②輸送距離が短いことから、鮮度が高い。 ③三者の協働活動の中で実需者のニーズを聞き、高い加工適正を備えている。
ほうれん草	247	150	
小松菜	320	140	
水菜	369	200	
チンゲンサイ	295	250	

注：他産地の価格は、JA職員、カット野菜業者からのヒアリング調査、および参考文献9)を参考とした。

価格や量の調整や、ニーズの伝達、さらには圃場を視察し生産者と会話をすることができる。これにより、農業への理解を深めている。

(2) 浜松ベジタブルによる出荷数量の調整

　天候不順などで、JAからの出荷量が不足した場合、中間事業者である浜松ベジタブルが他産地から不足分を仕入れ、RFに納めることになっている。

こうすることにより、RFは原料野菜の安定調達が可能で、JA遠州中央も過度の供給体制を敷かなくてよくなり、互いにリスクを減らすことができる。

このように機会主義的な取引ではなく、三者が定期的に交流し協働することで業務・加工用野菜の安定した取引が可能となり、産地が形成されている。

（3）天使のキャベツの経営分析
1）生産の概要と販売戦略

RFへの出荷品目の中で、とくに冬季キャベツが特徴的であった。よって、以下でこのキャベツについて紹介していく。2011年における生産者は12名、栽培面積は1.4haであった。翌'12年はRF以外への販路も拡大したため、生産者32名、栽培面積4haと増加した。

業務・加工用キャベツは、鹿児島から北海道に至るまで、全国各地で生産されている。JA遠州中央はもともと小規模の生産しかしておらず、市場出荷も行っていなかった。また、キャベツ栽培を行っている地区は圃場が分散しており、大規模生産は困難である。そこで、量では他産地に対抗できないため、次の2つの戦略をとった。

第1に、差別化である。'とくみつ'という糖度が非常に高くなる品種を種苗会社と共に開発し、他産地と差別化している。第2に、ブランド化である。JAが'とくみつ'を「天使のキャベツ」という商標登録によってブランド化しており、RFは「天使のキャベツ入りメンチカツ」のように、ブランドを商品名に入れた販売も行っている。

2）経営収支の比較

通常、業務・加工用は市場出荷よりも安価となるため、コストを削減し大規模生産をする収益モデルを基本とする。しかし、JA遠州中央では1人当たりの平均栽培面積は約13aと小規模である。そこで、低価格ながらも大規模・低コストで業務・加工用キャベツの生産をしているJA岡山牛窓地区との10a当たりの経営収支の比較を行う（表4-3）。

表4-3 JA遠州中央とJA岡山における業務・加工用キャベツの経営収支の比較（10a当たり）

項目		JA遠州中央	JA岡山
粗収入		585,000 (4,500kg×130円)	485,600 (8,000kg×60.3円)
経営費	種苗費	8,000	10,800
	肥料費	39,651	43,616
	農薬費	27,933	27,933
	光熱水費	2,625	2,625
	諸材料費	47,890	10,268
	小農具費	640	640
	水利費	3,000	3,000
	荷造り・包装費	0	0
	運賃・販売手数料	87,750	113,800
	減価償却費	73,310	73,310
	修繕費	18,155	18,155
	合計	308,954	304,147
農業所得		276,046	181,453
農業所得率		47.2%	37.4%
労働時間		148.68	87
1時間当たり農業所得		1,856.6	2,085.7

資料：岡山県農林水産部「平成17年度農業経営指導指標」とヒアリング調査をもとに作成。
注：それぞれの数値は、JA遠州中央は2012年、JA岡山は2010年の調査による。

　JA遠州中央の収量は4,500kg、1kg当たりの販売価格は130円であり、JA岡山の収量は8,000kg、販売価格は60.3円である。JA遠州中央の単収は低いが、JA岡山の2倍強の販売価格であるため、粗収入はJA遠州中央が約10万円高い。

　経営費について、両者はほぼ同額である。労働時間は、通常のキャベツよりも栽培が難しく手間がかかるため、JA岡山に比べてJA遠州中央は1.7倍の時間を要している。このように、JA遠州中央は労働集約型の生産をしていることがわかる。

所得については、1時間当たり農業所得はJA岡山の方が229円高いが、農業所得はJA遠州中央の方が約9万5千円高くなっている。

3）考　察
　以上の分析により、次の3点を明らかにした。
　第1に、JA遠州中央は、業務・加工用キャベツの小規模かつ新興産地であるが、農業所得27万6,000円、1時間当たり農業所得1,856円と、大規模・伝統的な産地と比べても十分な収益を確保していることがわかった。
　第2に、小規模生産で規模拡大が困難なことから、労働集約型で単位当たりの収益を高めることで、農業所得を確保していることがわかった。
　第3に、このような取り組みが可能なのは、三者による協働型産地を形成していることが大きな要因であり、野菜の生産から惣菜商品となるまで一体的な取り組みをしているからであると考えられる。交流を通じて、JA遠州中央はRFのニーズを把握し生産を行い、RFは野菜の特性を生かした商品を開発でき、他社との差別化が可能となっている。JA遠州中央産の野菜は、RFの商品材料となることで、知名度やブランド力が向上した。実際、RFの商品に使用されたということで、他社より供給依頼があった。それにより、販路を拡大させ、業務・加工用野菜の産地化をしている。また、浜松ベジタ

```
高品質野菜                           カット技術
高い加工適性     浜松ベジタブル      安心・安全な消毒

  JA遠州中央  ←――――――――――  ロック・フィールド
              差別化商品の開発、消費者ニーズの伝達

  JA遠州中央は、RFの商品となり全国流通することで知名度やブランド力が向上した。
  それにより、RF以外の販路も拡大させ、業務・加工用野菜の産地化をしている。
```

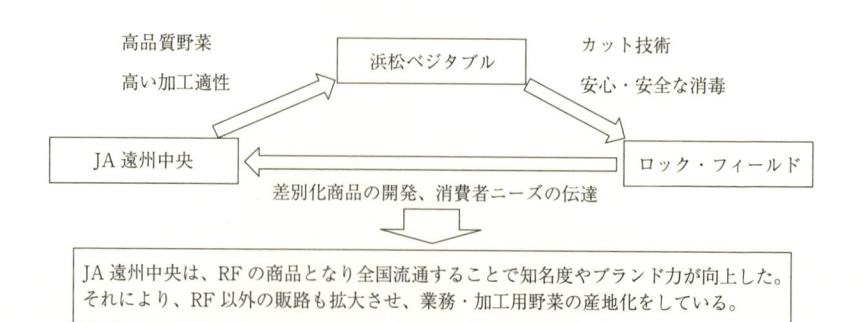

図4－3　三者による協働型産地の形成

ブルの高いカット技術、安心・安全な消毒方法がRFのニーズを満たし、取引の継続に寄与している（図4－3）。

4　浜松ベジタブルの戦略の枠組み

浜松ベジタブルは、中間事業者となることで生産者と実需者のニーズに応えていた。すなわち、生産者は契約取引により安定した販売先となり、実需者からは、質の良いカット野菜の調達先である。また、生産者、中間事業者、実需者の三者による協働型産地の特徴を以下に整理した。

第1に、三者はそれぞれ近隣に所在しており、月に一度会議を行うなど、取引先との情報の共有化と、それに伴う信頼関係の構築が可能である。

第2に、協働が可能なのは近隣に所在しているからだけではなく、それぞれが補完的に活用できる経営資源、すなわち、JA遠州中央の高い栽培技術、RFのブランド力、浜松ベジタブルの高いカット技術力と独自の消毒方法を持っていたからである。

第3に、JA遠州中央とRFによる直接取引ではなく、間に中間事業者である浜松ベジタブルを介することで、出荷量の調整ができ、安定供給を実現できていた。

第5節　国産業務・加工用野菜の生産・利用拡大に向けた卸売業者の経営戦略

1　概　要

倉敷青果荷受組合（以下クラカと略）は倉敷市役所からほど近いところにあり、1946年から青果卸売を始め、現在まで地方卸売市場として活躍している。その一方で、業務用・加工用としての野菜の消費量が年々増加している情勢を受けるとともに、「古い卸売市場からの脱却」を目指し、'98年4月よりカット野菜事業を開始した。開始当初はパート7人で行っていたが、現在は社員19名、パート180名で行っており、設備も4度の増設を行った。売

り上げは年々増加しており、2004年は9億円、'05年は10億円、'07年は15億円、そして'08年は17億円となっている。

　扱っている商品はスーパーなどで販売されるサラダや野菜炒めセットなどのキット商品、カット野菜である。野菜を実需者の要望に応じた大きさ、形にカットして提供している。販売先はセブンイレブンやマルナカ、土間土間、サンマルク、ロッテリアのほか、デパートの総菜部など約1,500店舗に出荷しており、出荷分の約9割が外食・中食産業などへの業務用としての出荷である。

　衛生管理ではHACCPの導入や、作業場の徹底した消毒、作業者は15分に1回の頻度で手洗いをしており、品質保証室が常に検査をしている。そして、食の安全のために、野菜はトレーサビリティのできるものだけを仕入れている。産地から工場まではコールドチェーンが維持されていて、できるだけ早く商品にして、新鮮な状態で消費者に届けられるように努めている。

　野菜の原産地表記に関して、法律によれば、加工品は全重量の5割以上を占めるものは原産地表記をしなければならないが、倉敷青果荷受組合ではすべての野菜の原産地を表記している。また、ホームページ上にもどのような野菜を仕入れているか紹介したり、製造工程を載せたりして安全を消費者へアピールしている。さらに、より安全・安心のため卸売市場としては初めてのISO22000（食品安全マネジメントシステム）を2009年4月に取得した。

2　原料野菜の調達

　クラカは地方卸売市場であるにもかかわらず、仕入れる野菜の約7割が契約栽培によって、生産者や産地と直接取引をしている。契約相手を選ぶうえで重視することは、第1に、取引に関して信頼できること。第2に、生産履歴をつけており、生物・化学・物理的な安全を保証できること。第3に、値段と規格・品質に理解があること。これは、市場価格が高騰したとしても、契約価格通り安定的に出荷をしてくれる、また、生食用の余剰分や、裾もの対策という感覚で出荷するのではなく、カット用に適した規格・品質を出荷

することが条件である。契約相手はＪＡや生産組合、農業法人などであり、上記の３つの条件を満たしていれば、生産規模の大小は問わない。契約価格の決定方法は、製品価格から原材料費を逆算するマークアップ方式と、生産者が再生産可能な価格との折り合いをつけながら決めている。

3　原料野菜の国産化

　業務・加工用需要への対応をしているだけでなく、原材料の国産化を進めていることが、クラカにおける注目すべき点である。以前は、タマネギに関しては、皮むきが手作業であったため、処理能力に限界があり、皮むき済みの輸入タマネギを年間約300ｔ使用していた。しかし、ユーザーの国産志向に対応するために、国産タマネギの利用拡大に取り組んでいる。2010年度より徐々に国産のシェアを増加させたことで、約30％あった外国産は、11年度では約14％へと減少する見込みである。12年度には、すべて国産のタマネギにすることを目指している。

表4－4　取扱いタマネギ量の推移（単位：ｔ）

年度	2008	2009	2010	2011	2012（計画）
国内産	744	789	795	928	1,078
外国産	307	315	280	150	0
取扱量合計	1,051	1,104	1,075	1,078	1,078

　国産タマネギの使用を可能にしたのが、タマネギ自動皮むき機の導入である。これによって、１人１時間当たり20kgであった処理能力が100kgと飛躍的に上昇するとともに、これにかかる人件費を抑えることに成功した。
　この機械導入には約6,000万円の資金を必要としたが、国の事業である「国産原材料サプライチェーン構築事業」によって、約2,600万円の補助を受けた。また、国産タマネギを安定確保するため、新たに４つの産地と契約取引を開始した。

(1) 取引産地の取り組み

ここでは、クラカの加工用タマネギを契約出荷している、主要な生産者の具体的な取り組みの実情を提示する。

(2) ＪＡ倉敷かさや（岡山県倉敷市）

岡山県の南西部に位置し、笠岡市にある干拓地で業務・加工用タマネギに取り組んでいる。従来から倉敷青果荷受組合へ市場出荷していた関係もあり、現在、年間約100ｔを契約出荷している。

(3) 真備根菜類生産組合（岡山県倉敷市）

生産者６人で構成されており、以前は主に青空市場に出荷していた。しかし、青空市場だけでは販売量が少ないため、販売先を模索しているときにクラカのことを知り、栽培技術の講習会や検討会、先進事例の視察などといった、タマネギ栽培の指導や支援を条件に、契約取引に着手した。

栽培実績については、初年度である2010年度の契約数量は30ｔであったが、実績は17.6ｔと契約数量に満たなかった。反対に11年度の契約数量は35ｔであるが、80ｔを出荷している（表４-５）。

表４-５　真備根菜類生産組合の契約数量と出荷量の推移

年度	2010	2011	2012（目標）
作付面積（ha）	0.53	1.90	2.29
出荷量（ｔ）	17.6	80.0	140.0
契約料（ｔ）	30.0	35.0	40.0

(4) 因島玉葱生産組合（広島県尾道市）

クラカからの契約取引を契機に、生産者６人によって設立された組織である。もともと、因島はタバコの栽培が盛んだったが、近年、タバコの価格が下落してきたため、他に安定した収入の得られる作物を模索していたことがきっかけで取引を開始した。初めてタマネギを栽培する人が多かったが、近

表4-6　因島玉葱生産組合の契約数量と出荷量の推移

年度	2010	2011	2012（目標）
作付面積（ha）	0.68	1.31	1.96
出荷量（t）	40.5	80.0	120.0
契約料（t）	27.0	54.0	80.0

隣にタマネギを栽培していた生産者がいたことや、クラカが栽培指導者を紹介したことで技術的不安が払しょくされて栽培が開始された。

　栽培実績を表4-3に示した。初年度である2010年度の契約数量は27 tであったが、クラカからの要望により、40.5 tと組合員が生産したすべてのタマネギを出荷した。このとき、市場価格は契約価格よりも高かったが、タマネギを栽培するのは、あくまで契約取引による安定経営をするためとの理由からクラカの要望に応えた。

（5）有限会社いいだ農園（長崎県南島原市）

　長崎県南島原市と諫早干拓地で、バレイショやタマネギの栽培を行っている。もともとカット用バレイショをクラカに出荷していた取引関係があり、また、クラカは遠隔地にもタマネギ契約産地を求めていたことから、両者の取引が始まった。

4　国産化に向けた課題の克服

　クラカは業務・加工用タマネギの国産化に取り組むため、先述した数量確保、価格、品質などの課題を克服している。その内容は次のように整理される。

（1）産地間リレーによる数量確保

　数量確保については、取引産地を岡山県、広島県、長崎県の計3県4産地と複数にすることで、天候による数量変動リスクを分散している（図4-3）。また、こまめに生育状況を確認し、出荷時期や出荷量の変更が生じそうな場

月	1	2	3	4	5	6	7	8	9	10	11	12
北海道産	■	■	■	■				■	■	■	■	■
JA倉敷かさや(岡山県)					■	■	■					
真備根菜類生産組合(岡山県)					■	■	■					
因島玉葱生産組合(広島県)					■	■	■					
有限会社いいだ農園(長崎県)				■	■							
冷蔵タマネギ									■	■		

図4-4 タマネギの産地間リレー
資料：ヒアリング調査より作成

合は、他産地と調整するなどして数量を確保している。

実際、2010年度は天候不順のため、全国的にはタマネギは不作であった。しかし、因島ではそれほど影響がなかったため、他産地の不足分を補う形で契約量より多くのタマネギを出荷した。また、08～10年度は、北海道産の生育が悪く、とくに9～10月に不足が発生した。そのため、貯蔵施設を導入し、9～10月でも道産以外のタマネギを利用できるようにしている。

（2）コスト削減による価格抑制

以前はタマネギの皮を人がむいていたため、多くの人件費がかかり、販売価格にも影響していた。それを解決するために自動皮むき機を導入し、コストの削減を図っている。

また、自動皮むき機は生産者のタマネギの生産コスト削減にも寄与している。機械の導入により、根切り、玉磨きといった作業が不要となったため、作業が大幅に軽減された。また、業務・加工用を生産することで、収穫・調製作業が軽減されることや、コンテナ出荷により荷造り・包装費が節約できる。このため、生食用タマネギに比べて、業務・加工用タマネギの経営費は安価で、クラカは原料調達コストを抑えることが可能である。

（3）産地育成による品質向上

　業務・加工用野菜は、生食用野菜とは品質や流通面で異なっている。そうした情報や技術は産地にはないため、中間事業者が産地を育成する必要がある。また、クラカでは産地育成に力を入れており、タマネギ産地ではなかった真備根菜類生産組合や因島根菜類生産組合と取引を開始するために、栽培技術の講習会や検討会、先進地事例の視察を行っている。

　しかし、クラカには栽培技術の講習会や検討会のノウハウがないため、ＪＡと協力して対応している。具体的には、業務・加工用に向けた大玉栽培や低コスト生産、病虫害の対策などについて指導している。また、契約生産者が岡山、広島、長崎の４産地を毎年順番に視察することで、互いの生産方法や情報を交換でき、栽培技術の向上に寄与している。

　また、天候の影響などにより栽培がうまくいかず、契約数量を達成できない場合もある。先述した真備根菜類生産組合では、2010年度の契約数量は30ｔであったが、実績は17.6ｔであった。通常では契約違反として、取引の中止もありうるが、クラカでは取引を継続し、長期的な信頼関係の構築に努めており、産地を育てるという姿勢が強く見られた。

5　原料国産化による経済効果

　原材料の国産化は販売先のニーズに応え販路を拡大させるとともに、付加価値を高めて売り上げを伸ばすことが可能である。中国産のタマネギの仕入れ価格は、１kg当たり41.5円で、販売価格は80円なので、粗利益は約40円である。一方、国産タマネギの仕入れ価格は60円で、販売価格は130円なので、粗利益は70円であり、両者の粗利益の差は30円となる[4]。

　しかし、クラカは3,400万円を負担し、タマネギ自動皮むき機を導入することが不可欠であった。このコストについて検証する。なお、データ取得の制約上、固定費のみを扱う。機械の導入に必要な費目と金額を表４-４に示した。導入費用の合計は816万円となり、これを2011年度の国産タマネギ使用量928ｔで除算すると8.79円／kgとなる。これを国産タマネギの仕入れ価

表4-7　タマネギ自動皮むき機導入コスト

費　目	金額
固定費	
減価償却費（3,400万円÷5年）	680万円
自己資本利子（3,400万円×1/2×4％）	68万円
維持修繕費（3,400万円÷5年×1/10）	68万円
合　計	816万円

資料：ヒアリング調査より作成
注1：法定耐用年数は5年。
　2：自己資本利子の計算には生産費計算と同様に4％を用いる。元金の平均残高で利息計算するため、1/2を乗ずる。
　3：維持修繕費は減価償却費の10％とする。

格に加えても、中国産タマネギよりも粗利益は大きい。

また、今回計算することができなかった変動費部分が21.3円／kg以下であれば、クラカはタマネギを国産化することで収益の増加となる。

6　クラカの経営戦略の枠組み

クラカは、業務・加工用野菜の需要増加を受けてカット野菜事業を開始し、販路を拡大してきた。さらに、原材料の国産化に取り組み、収益の増加を目標としていた。つまり、国内野菜産地を育成・確保し、実需者が求める形態で安定的に供給するという、中間事業者となる経営戦略をとっていた。

また、原材料の国産化のためには、各関係主体の連携が求められる。国産化への取り組みとして、①自動皮むき機の導入、②産地の育成、③産地間リレーの構築の3点を整理したが、クラカが単独で実行してきたわけではない。機械の導入には国の補助事業を活用し、産地の育成にはJAと協力し、また、産地リレーの構築には各産地の生産者との協議の下で行われていることから、中間事業者、生産者、JA、行政などとの連携が不可欠といえる。

第6節　卸売業者の経営戦略

　クラカ、浜松ベジタブルの両者は、国内野菜産地を育成・確保し、実需者が求める形態で安定的に供給するという、中間事業者となる経営戦略をとっていた。そこで、卸売業者が中間事業者となるという戦略を選択する合理性は、次の3点に整理できる。第1に、経営の多角化である。受託手数料に頼った経営ではなく、自ら商品を開発、仕入れ、販売をすることで、より付加価値を享受できる。第2に、数量の調整が比較的容易にできることである。天候不順などで産地が契約数量を確保できない場合が発生しても、卸売市場を併設しているため、そこからの調達が可能である。第3に、青果物の契約取引を継続させるためには、お互いに信頼があることを重要視されるが、卸売業者は長年の市場取引で産地との信頼関係が築かれている。そのため、クラカではタマネギの国産化を進める際に産地の指導や育成を行っていた。また、浜松ベジタブルでは高品質、かつ、高い加工適性を備えた原料野菜を安定調達することを可能にしていた。

　卸売業者が本来備えている強みを活かすとともに、顧客のニーズに応えて中間事業者となることは、新たな経営戦略として今後の発展につながるだろう。卸売業者は、生産者の販売代行機関という従来の位置づけから脱し、自ら価値を創るという新たな姿勢が求められる。

第7節　カット野菜業者の食品リサイクルに向けた取り組みと課題

1　はじめに ── 課題と方法 ──

　大量の食品ロス（食べ残し＋不可食部分）が発生し社会問題となっている。その量は、重量ベースで年間1,900万t（家庭から1,070万t、外食・流通業者から530万t、食品製造業から370万t）に上っている。その中でも、と

くに野菜は、皮や芯などの不可食部分が多く、また、傷みやすいこともあり、食品ロスのなかでも大きな割合を占めている（表4-8）。そこで、食品ロスを削減するためには、野菜のロスを減らすことを考える必要がある。しかし、個々の実需者が出すロスの量は少ないため、リサイクルへの取り組みは容易ではない。

表4-8 家庭における1日一人当たり食品使用量および食品ロス量

世帯人数	1人	2人	3人以上
食品使用量（g）	1154.4	1429.5	1044.7
食品ロス量（g）	73.9	57.2	37.6
食品ロス率（％）	6.4	4.0	3.6
食品使用量（g）	250.5	311.9	203.3
食品ロス量（g）	28.0	24.5	16.6
食品ロス率（％）	11.2	7.9	8.2
食品ロスに占める野菜の割合（％）	37.9	42.8	44.1

資料：農林水産省「平成18年食品ロス統計調査」

そこで、近年需要の増加している「カット野菜」に注目する。その理由は、①カット工場で不可食部分が取り除かれているため、調理の段階でロスが発生しない、②カット工場に野菜残さが集積しているため、再利用が比較的容易、③実需者にとっては、野菜を必要時に必要量そろえることができるので、消費の段階でロスを減らすことができるからである。そこで本節では、カット野菜業者であるクラカと、クラカと提携し食品リサイクルに取り組んでいるイサミ牧場（牛と豚の肥育および繁殖経営）を調査した。

なお、リサイクルというと、資源をどのように再資源化し使用するかが大きな課題である。しかし本研究は、資源のみに注目するのではなく、リサイクル資源を使用する主体に注目することで、農業の良サイクルモデルについて検証する。

2　食品廃棄の実態と動向

（1）食品廃棄の実態

　食用仕向け量の9,100万ｔのうち、食品由来の廃棄物量は1,900万ｔに上る。つまり、食料の20％は捨てられている計算となり、一人１日当たり432gの排出量である。食品流通情報センターの行った、家庭での食べ残しに関する意識調査によると、食べ残しが「全くない」と答えた人（21.2％）と、「10％」と答えた人（35.1％）の合計は56.3％と、半数以上の人は食べ残しが10％以下だと回答している（図４-５）。食品廃棄量1,900万ｔのうち、本当は食べられたのに廃棄された量は500～900万ｔとされ、その割合は５～10％である。

　しかし、食品廃棄量全体としては20％も廃棄されていることから、残りの10～15％は野菜くずなどの不可食部分から排出されている計算になる。食べ残しなどは「もったいない」と思い、食品ロスとして強く意識するが、不可食部分はどこか食べ物という感覚が少なく、食品ロスとしての認識が薄い。実際は、食品ロスとして意識する食べ残し量の２～４倍の食品ロスが発

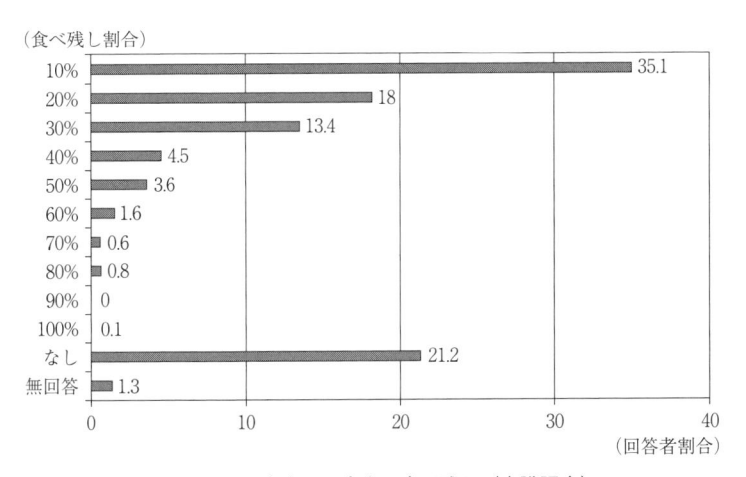

（食べ残し割合）

区分	回答者割合
10%	35.1
20%	18
30%	13.4
40%	4.5
50%	3.6
60%	1.6
70%	0.6
80%	0.8
90%	0
100%	0.1
なし	21.2
無回答	1.3

図４-５　家庭での食事の食べ残し（意識調査）
資料：食品流通情報センター「食生活データ総合統計年報97-98」

生しており、実態とのギャップが生まれている。このことも、食品廃棄物の増大につながっている一つの要因として考えられる。不可食部分の発生抑制、または、再利用の促進が求められる。

（2）食品リサイクル法の概要

　食品ロスの処理費用は大きな社会的コストになっていることから、2000年に食品リサイクル法が施行された。食品リサイクル法は「食品の製造、流通、消費、廃棄等の各段階で、食品廃棄物等に係わるものが、一体となって、まず食品廃棄物等の発生抑制に優先的に取り組み、次いで食品循環資源の再生利用および熱回収、ならびに食品廃棄物等の減量に取り組むことで、環境負荷の少ない循環を基調とする循環型社会の構築をめざす」とされている。この内容について、詳しくみていく。

　まず、「食品の製造、流通、消費、廃棄等の各段階で、食品廃棄物等にかかわるもの」についてである。製造の段階では、排出者は食品製造・加工業者であり、動植物性残さ（不可食部分を含む）や加工残さが食品廃棄物として排出される。排出された廃棄物は産業廃棄物に分類され、食品廃棄物量全体のうち18％が製造の段階から発生する。次に流通の段階であるが、食品流通業者、食品卸売・小売業者が主体であり、売れ残りや食品廃棄、廃食用油や液体が食品廃棄物として排出される。排出された廃棄物は事業系一般廃棄物に分類される。消費段階では2つに分けられ、外食産業が主体となる場合は、調理くず、食べ残し、食品廃棄、廃食用油や液体が食品廃棄物として排出される。排出された廃棄物は事業系一般廃棄物に分類され、流通段階と合わせて、食品廃棄物量全体のうち27％がここから発生している。また、家庭の場合は、調理くずや食べ残し、食品廃棄などが発生し、食品廃棄物量全体のうち55％が発生している。しかし、食品リサイクル法は、事業者のみを対象としており、最も排出量の多い家庭は対象となっていない。

　ここで、食品リサイクル法の効果について検証する。再利用率は2001年度が36％であったのに対して、'06年度では59％と大きく増加している。し

かし、発生量は'01年度が1,092万tであったのに対して、'06年度では1,135万tと増加しており、発生量そのものを抑止するには至っていない。また、個々の事業者の再利用率は表4-10のようになっている。食品製造業者は高い実施率を示しているが、小売業者や外食業者は低い値となっている。その理由は、小売・外食業者は他と比べて多種多様な食品廃棄物が混在するためである。さらに、発生量も小量なため、リサイクルへの取り組みが難しいとされている。このことは、食品廃棄物を最も排出している家庭にも当てはまる。

次に、「まず食品廃棄物等の発生抑制に優先的に取り組み、次いで食品循環資源の再生利用および熱回収、ならびに食品廃棄物等の減量に取り組む」

表4-9　食品廃棄物の発生過程と分類

	生産(製造)段階	流通段階	消費段階	
排出者	食品製造・加工業	食品流通業、食品卸売・小売業	外食産業	家庭
食品廃棄物	動植物性残さ 加工残さ	売れ残り 食品廃棄 廃食用油や液体	調理くず 食べ残し 食品廃棄 廃食用油や液体	調理くず 食べ残し 食品廃棄
廃棄物分類	産業廃棄物	事業系一般廃棄物		家庭用一般廃棄物
2008年度排出割合	18%	27%		55%

食品リサイクル法の対象

資料：環境省総合環境政策局編「平成20年度環境統計集」

表4-10　食品関連事業者ごとの再利用の目標と実施率

事業者	実施率目標	2006年度実施率
食品製造業	85%	81%
食品卸売業	70%	62%
食品小売業	45%	35%
外食産業	40%	22%

資料：農林水産省「平成18年食品ロス統計調査」

の部分について詳しくみていく。各事業者には、廃棄物削減の取り組みが義務付けられているが、それには優先度がある。第1に、発生を抑制することであり、製造や流通過程の工夫、消費のあり方の見直しなどによって、食品廃棄物等そのものの発生の抑制に取り組まなければならない。第2に、再利用をすることであり、飼料や肥料、油脂や油脂製品、メタン、炭化製品（燃料および還元剤としての用途）、エタノールの原材料として再生利用をする。第3に、近隣に再生利用施設がない場合、焼却し熱・電気などのエネルギーに変換すること。第4に、食品廃棄物は水分が多いため脱水・乾燥により減量し、処分を容易にすることである。

しかし、野菜残さは、再利用しにくい特質をもっている。第1に、水分含量が高いことである。このため、焼却処分が難しく、燃料には不適であるとともに、その重量から輸送費が高額となってしまう。第2に、腐敗しやすいことである。このため、保存期間が短く、また、臭気が発生するため保管場所に注意が必要など、リサイクルの妨げになっている。

一方で、野菜特有の優れた特質も持っている。ミネラルやビタミン、繊維などを基本的に多く含有することから、有効利用への活用が求められる。

（3）エコフィードへの期待

食品リサイクルの中で、今注目されている取り組みが、「エコフィード」と呼ばれるものである。「エコフィード」という言葉は、以前から使われていた「生ごみ飼料」「食品廃棄物飼料」などの言葉のイメージが悪く、一般消費者に誤解や偏見を招く恐れがあるため、新たな造語として登場した。

食品リサイクルと畜産業は、もともと深いつながりがあった。森によると、1960年代前半まで、わが国の畜産は農業経営において副業的な位置づけにあり、飼料を耕種部門における副産物や食品廃棄物に求めてきた。しかしながら、1960年代後半以降、農業基本法の成立とともに、畜産農家は規模を拡大していった。そのため、耕種部門と畜産部門が分離していくとともに、畜産農家と食品残さが大量に発生する都市とが地理的に離れたため、地域内

で行われていた資源循環が崩れてしまった。また、大規模化に伴い飼料が大量に必要となったので飼料を外部から調達するようになった。このことによって、飼料自給率の低下と、食品廃棄物の増加が起こった。

エコフィードが注目される理由は、次の2点である。第1に、飼料の国産化によって食料自給率の向上に寄与する。第2に、家畜由来の肥料と食品由来の肥料との間に発生する競合の回避である。「食品残さ→肥料」の形で利用するのではなく、「食品残さ→飼料→肥料」にすることで、食品残さを多段階的に利用でき、地域内においても資源循環が可能である。ちなみに、2008年度の国内供給量は23万ＴＤＮｔで、5年前の約3倍に増加している。そこで、食品製造業者でありカット野菜を生産しているクラカと、クラカと協力してリサイクルに取り組んでいるイサミ牧場の取り組みについて述べていく。

3 リサイクル事例の分析
（1）カット野菜業者クラカの取り組み
1）発生抑制への努力

生抑制の取り組みを、次の4点に整理した。第1に、キャベツの外葉などは産地で処理してもらい、工場に持ち込まないようにしている。第2に、見込み生産はせず、完全受注制である。第3に、野菜ごとにカットした歩留まり率を記録している。過去の歩留まり率をもとに、何kgのホール野菜を切ればいいかを算出でき、作り過ぎなどの無駄がなくなる。例えば、キャベツの千切り30kgの受注があった場合、キャベツの歩留まり率70％が分かっていると、42.9kgのホールキャベツを切ればよい、となる。第4に、歩留まり率の向上である。歩留まり率が高くなるようなカットの仕方の研究や、保存方法の工夫を行っている。また、歩留まり率の高い品種を導入するように、産地を育成している。

2）再利用の契機

クラカではカット野菜部門で1日当たり15tの野菜を扱っている。発生抑制への取り組みはあるが、1日当たり約3.5tの食品残さが発生している。しかしそれらは、全量を岡山県内にあるイサミ牧場に引き取ってもらい、食品リサイクル率100％を達成している。

両者が結び付いたきっかけは、クラカとしては社内の雰囲気として廃棄物を出し続けることに抵抗があったことと、廃棄物処理費が値上がりしたことへの対処を考えていた。一方、イサミ牧場は、飼料や堆肥に使えそうな食品残さを探し、いろいろな企業を訪問していたところ、両者が結び付くきっかけとなった。

食品残さの受け渡しと利用の方法については、1日2便、クラカからトラックで、イサミまで野菜を運んでいる。2便にする理由は、飼料用と堆肥用で野菜の分別をしているからである。また、その費用は全てクラカが支払っている。イサミでは、引き取り当初は家畜ふんに混ぜて、堆肥化の水分調整のために使用していたが、その後、量が増えたため牛と豚に給餌し始めた。

（2）イサミ牧場の野菜リサイクル活動

1）イサミ牧場の概要

イサミ牧場は、食肉加工・販売業者である株式会社イサミが経営する牧場であり、岡山県吉備中央町にある。敷地面積は100ha、労働力は社員2名とアルバイト数名で運営されている。飼養頭数は表4-11に示したとおりである。おもにホルスタインの肥育であり、肥育された牛は生協に出荷したり、自社

表4-11 イサミ牧場の飼養頭数と種類

種類	頭数
牛	
ホルスタイン（7か月齢以上）	400
ホルスタイン（7か月齢以上）	20
黒毛和種	37
豚（バークシャー）	
繁殖豚	10
肥育	23
育成	22
子豚	29

でも販売を行っている。また、生協からの依頼も受けて、豚の繁殖、育成も行っている。飼料は自家配合しており、非遺伝子組み換えや、抗生物質不使用の物のみを与えているなど、気を配っている。

2）堆肥化への取り組み

イサミでは牧場内から出た畜ふんの堆肥化に取り組んでいるが、肉用牛のふんは水分が少ないため、水分調整のため野菜を加えている。毎日2tの野菜残さを利用しており、1か月で約100tの堆肥を生産している。作り方は、家畜ふんと野菜のみで作り、オガクズやモミ殻などの副産物は高コストなため入れていない。また、手間をかけずに、3か月ほど発酵させた未完熟堆肥として販売している。販売価格は重量ではなく運ぶのにかかった時間によって決まり、近隣ならば1,000円、1時間以内ならば3,000円、それ以上だと5,000円となっている。

生産された堆肥は、50％強は販売し50％弱は敷地内に撒いている。販売先は近隣の倉敷市、岡山市芳賀・佐山、真庭市久世町、赤磐市山陽町などの県内農家で、とくに畑作、果樹農家が多い。需要は多く、堆肥処理に困っていない。また、敷地内に撒いた分はそこから繁茂する雑草を利用し、和牛に食べさせている。

3）飼料化への挑戦

イサミ牧場ではクラカから仕入れた野菜を妊娠牛に与えている。給餌の方法は、野菜を放牧地に山積みに置いておくことで、牛が好みの野菜を食べることができる。具体的には、表4-12に示したように、ニンジンなどの根菜類や、とくに、レタスなどの葉物野菜を好んでよく食べる。1日に与える野菜の量は、約2tである。妊娠牛は平均すると、常に10～15頭いるが、これだけの頭数でも2tの野菜をほとんど食べている。また、残された野菜は、そのまま土に還し肥料となる。

野菜を与えることで、次の2点の効果があった。第1に、体重の減少を防

表4-12　家畜の野菜への嗜好性

嗜好性		種　類
好んで食べる	牛	ニンジンなどの根菜類、レタスなどの葉物
	豚	レタス、サツマイモ、カボチャ、特にフルーツなど甘いもの
嫌うor 中毒を起こす	牛	ジャガイモの芽、ネギ、タマネギ、ダイコン
	豚	ネギ、タマネギ、ショウガなど臭いの強いもの

ぐ効果がある。妊娠期間中は放牧されているため、牛舎よりも運動量が増加する。それに加えて、イサミでは、放牧地にイタリアンライグラスなどの栄養価の高い牧草は栽培しておらず、雑草しかないため、牛の体重は減少しがちである。しかし、野菜を与えることで、カロリーや栄養素の不足分を補っている。第2に、乾草飼料の給餌量を1日1頭当たり、4kgから2kgに削減することが可能となった。これにより、乾草飼料代（35円／kg）×削減量（2kg）×放牧期間（220日）＝1万5,400円の経費削減となっている。

　また、以前は豚にも野菜を与えていた。その方法は、飼料設計をして、必要量の配合飼料を与え、これに加えて野菜を与えるようにしている。与え方は、生後1か月で葉物を少し与え、その後はカボチャ、肥育期間になると全種類与えている。1日に約500kg与えて、好きなだけ食べさせるようにしているが、実際に食べているのは100kgほどである。また、豚はたくさんの種類の野菜が入り混じったなかで、好みのものを選んで食べている。

　豚への野菜給餌の影響は、第1に、与え始めの2～3日は下痢をしてしまうが、その後は慣れきて、以前より体調が良くなったことである。第2に、食欲が増進し、肥育量が増したため、肥育期間が短縮されたことである。具体的には、これまで1日2kg弱の飼料しか食べられなかった。野菜を与えることで飼料が食べられなくなるのではと心配したが、逆に2kg以上の飼料を食べられるようになった。この影響により、1日当たりの体重増加量は600～800gと、一般の黒豚肥育量よりも優れた値となっており、通常8か月齢で出荷するものを、6か月齢で出荷可能となっている。ただしこれには、肥育スペースが広いことも影響していると思われる。第3に、豚の体重の個

体によるバラつきがなくなったことである。配合飼料は強い豚が多く食べて、弱い豚が少量しか食べられない状況であったが、弱い豚は野菜を多く食べることで、体重を順調に増加させていた。

4　リサイクルの条件と課題
（1）条　件
　上述のように、イサミが野菜を家畜に与えるためには、クラカとの協力体制が不可欠である。野菜の中には、家畜にとって中毒を起こしてしまうものもあるため、種類の分別をするとともに、金属やビニールなどの異物の混入を防ぐ必要がある。また、野菜残さは腐敗しやすいことから、速やかな搬入が求められる。このような協力体制があって、リサイクルへの取り組みが可能となっている。

　家畜への与え方にも、工夫があった。イサミでは、配合飼料は必要量与えているが、それに加えて、野菜を与えていた。こうすることによって、肉質への影響を抑えることができる。また、配合飼料のみでは家畜が胸焼けを起こすこともあるが、野菜に大量に含まれる水分が、それを防ぎ、食欲を増進させていた。

（2）課　題
　一方で課題もあった。豚に関しては、販売先である生協からの要望により、現在は野菜を与えていない。その理由は次の2点である。

　第1に、契約取引によって出荷期間が決められているため、野菜を与えると体重が増えすぎてしまい、価値が下がってしまうことである。肥育の方法は契約により、全農の指標に従って行うこととなっており、約8か月齢で体重108kgになるように、飼料などの設計がされている。しかし、指標で示された飼料に加えて野菜を与えてしまうと、肥育がよくなるため、8か月齢時では108kgをオーバーしてしまう。大きくなりすぎると、と畜・解体がしにくくなるという理由から、価値が下がってしまう。

第2に、供給される野菜の産地や農家などの情報がないため、その影響が不安だという理由である。生協から食の安全・安心を強く求められることから、配合飼料も非遺伝子組み換えや、抗生物質不使用の物を使うなど、品質に気を配っている。野菜の品質に関しても、どのような農薬や肥料が使われたのかといった情報がないと、責任を負えないため、野菜を与えられない状況である。また、「野菜残さを与えている」といった、消費者からの負のイメージも危惧していた。

5　おわりに

　イサミでは、野菜残さを堆肥、牛への飼料として利用していた。しかし、自給率の向上や、野菜残さを多段階的に有効利用できることから、飼料化によるエコフィードが求められる。よって、今後は豚にも野菜を与えることができるような仕組みが必要である。

　「体重が増加しすぎてしまう」という第1の課題は、畜産農家にとっては育成期間が短縮されるため、むしろ、メリットである。そのため、出荷適体重になった時に出荷ができるように、契約内容の変更や販路の拡大が求められる。

　また、「野菜の品質」という第2の課題は、クラカは安全性に信頼できる産地と取引しており、生産履歴もすべてチェックしている。そのため、両者の積極的な情報交換により、不安を取り除くことが可能である。

　以上、食品リサイクルに取り組むことによって、クラカは廃棄物処理費用を軽減するとともに、廃棄物を出さないことで企業イメージが上がった。イサミ牧場は、野菜の利用による肥育期間の短縮や、飼料費削減の効果があった。そして、消費者には畜産コストの削減による畜産物価格の低減が期待できる。また、カット野菜を使用することによって、食品リサイクルに参加できるのである。以上のように、加工業者、畜産業者、消費者が、リサイクルを通じて相互にメリットを享受し合える良サイクルが構築される。

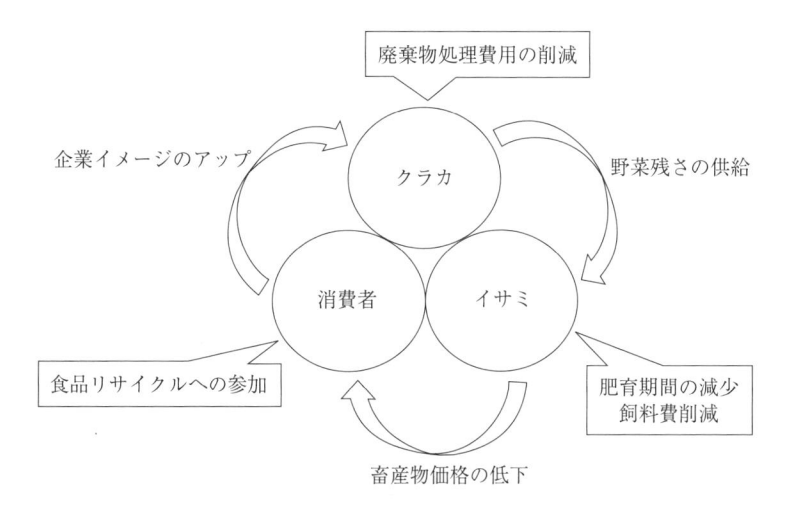

図4-6　農業の良サイクルモデル

【注】
1) 藤島1)、pp1.7-34を参照
2) 参考文献5)を参照
3) 2008年6〜7月に農林水産省が行った調査によると、今後の国産野菜の使用意識・意向では、81.3％の食品業者が「国産の割合を増やしたい」と回答している
4) 数値はいずれも、2011年9月に行ったクラカへのヒアリング調査に基づく

【参考文献】
1) 藤島廣二『市場流通2025年ビジョン』筑波書房，2011年
2) 小野沢康晴「野菜流通における契約出荷と市場出荷」『農林金融』農林中金総合研究所，2004年
3) 農畜産業振興機構「『第4回国産野菜の生産・利用拡大優良事業者表彰』事例の紹介」2011年
4) 農林水産省『加工・業務用野菜をめぐる現状』2010年
5) 日本農業新聞「論説　縮む卸売市場」2011年9月29日
6) 藤島廣二・小林茂典『業務・加工用野菜』農文協、2008年
7) 坂爪浩史「青果物卸売業による業務用流通への対応」『北海道大学農經論叢』北海道大学学術成果コレクション，2009年
8) 農畜産業振興機構月報野菜情報『生産者と連携した使用野菜の全量国産化への取り組み』2009年9月

9）野菜ビジネス協議会「平成22年度　国産原材料供給力強化対策事業のうち国産原材料サプライチェーン構築事業（ニュービジネス育成・強化支援事業）報告書」2011年3月
10）農畜産業振興機構月報野菜情報「野菜の契約取引の実態に関する調査結果について―第2報　実需者編―」2011年2月
11）農畜産業振興機構月報野菜情報「加工・業務用野菜需要に対する産地の取り組みについて（1）」2009年7月
12）斎藤修『食料産業クラスターと地域ブランド―食農連携と新しいフードビジネス―』農文協、2007年3月
13）斎藤修『青果物フードシステムの革新を考える』農林統計協会、2005年11月
14）佐藤和憲『青果物流通チャネルの多様化と産地のマーケティング戦略』養賢堂、1998年3月
15）全国生活衛生営業指導センター「生活衛生関係営業車の食品リサイクル」2005
16）中国四国地域食品残さ飼料化推進協議会・中国四国農政局生産経営流通部「時代はエコフィード！」2007
17）農林水産省・(財)食品産業センター「食品リサイクル法」2008
18）農林水産省「食品ロスの削減に向けて」2009
19）森久綱「食品廃棄物の飼料利用―飼料化事業の展開と製品利用問題を中心に―」『資源循環型畜産の展開条件』栗原幸一・新井肇・小林信一編、農林統計協会、2006
20）宮部和幸「食品廃棄物問題と食品リサイクル法」『食料・農産物流通論』藤島廣二・安倍新一・宮部和幸・岩崎邦彦著、筑波書房、2009
21）富岡昌雄『資源循環農業論―「リサイクリングの経済学」の試み』近代文藝社、1993
22）鈴木昌治「カット野菜の廃棄物対策」『カット野菜実務ハンドブック』長谷川美典編著、サイエンスフォーラム、2007

終章
結　論

第1節　各章の要約

　本研究の課題は、野菜販売に携わってきた産地、農業協同組合（以下、JA）、卸売業者を研究対象とし、野菜流通経路や取引関係の多様化といったようなフードシステムの高度化に対応するため、業務・加工用野菜導入に向けた方策を解明することであった。

　今日の青果物流通は、野菜消費構造の変化、つまり業務・加工用野菜の需要が増加したことにより、流通が多様化し、流通主体は増加した。また、流通形態もサプライチェーンからバリューチェーンへの移行など、質的な変化も起こっている。このように、フードシステムが高度化した状況では、それに適った野菜販売戦略が求められる。

　そこで本研究では事例分析を通じて、業務・加工用野菜導入に向けて、以下の4点の課題にアプローチした。各章の内容を要約すれば、以下のとおりである。

　第1章「業務・加工用野菜の特徴と取引の現状」では、業務・加工用野菜の特徴と取引の現状について考察した。規格や品質については、歩留まりを高めるために大型規格が選好され、一般生食用とは異なる加工適性品質を求

められていた。販売や流通方法については、契約取引が基本であり、定時納入、定量、定品質、定価格の「4定」が求められている。また、取引の現状については、農畜産業振興機構が2012～13年に生産者と実需者に対して行ったアンケート調査を考察し、産地やJAによって取り組み方法や程度について違いがあることを明らかにした。

　第2章「産地における業務・加工用野菜の普及に関する現状と課題」では、産地における業務・加工用野菜の普及課題について考察した。生産者が業務・加工用野菜に取り組んだ場合の効果としては、次の3点が挙げられた。①取引方法が産地と企業間の長期契約取引のため、販売価格が一定で経営を安定させることが可能である（経営安定効果）。②作業を軽減させることができる（作業軽減効果）。これにより、産地では規模拡大も可能である。③箱代などの梱包費が不要なため費用が削減される（費用削減効果）。

　しかし、こうした効果がありながら、産地では業務・加工用に取り組む生産者を確保することを課題としていた。その要因は、生産者は高品質のものを栽培し、市場出荷で高値を求める傾向にあるからであった。そこで、業務・加工用野菜に取り組んでいる生産者の経営収支の分析を行った。その結果、先述した①②③の効果により、業務・加工用の経営利益は一般生食用とほぼ同等であり、業務・加工用生産は経営的に意義があることを明らかにした。

　第3章「農業協同組合による業務・加工用野菜の産地への普及に関する役割」では、業務・加工用野菜の普及における農業協同組合の役割について考察した。一般生食用とは異なる特徴を持つ業務・加工用に、産地全体として対応するため、とくに営農指導事業と販売事業において、JAの役割が期待されていた。具体的に、営農指導事業においては、担い手の確保、専門部会の設立、栽培技術や適性品種の普及、細やかな栽培計画の策定、栽培安全管理体制の構築である。販売事業においては、契約取引の交渉、出荷量や時期の調整が求められていることを明らかにした。そして、JA経済事業の全国連合組織である全国農業協同組合連合会（以下、全農）は、生産者と実需者の仲立ちを行い、業務・加工用野菜の取引を円滑に行う中間事業者とよばれる

事業体として、事業を展開していた。これにより、取引総数極小化による取引コストの削減、与信リスクの管理、アンバンドリング化による専門性を追求していることを明らかにした。また、全農とJAの関係性については、全農は大量安定供給、JAは少量だが実需者のニーズに合わせた品質を備えていることに特徴があり、両者は競争ではなく補完関係にあることを明らかにした。

　第4章「中間事業者としての卸売業者の販売戦略」では、卸売業者が中間事業者となり、カット野菜事業へ取り組むことの意義について考察した。青果物の市場経由率は年々低下しており、加えて、1999年と2004年に卸売市場法が改正され、市場間の競争は激しくなっている。そこで、卸売業者が中間事業者として経営を継続させていく可能性を提示した。また、卸売業者が取り組むことの意義については、受託手数料に頼った経営ではなく、自ら商品を開発、販売をすることで、より付加価値を享受できる。そして、卸売市場を併設しているため、数量の調整が比較的容易である。さらに、青果物の契約取引を継続させるためには、お互いに信頼があることを重要視されるが、卸売業者は長年の市場取引で産地との信頼関係が築かれていることから、中間事業者となることは新たな販売戦略になることを明らかにした。

　さらに、カット野菜業者であるクラカでは製造過程で発生する食品残さを、肥育農家であるイサミ牧場と連携し、飼料としての利用を進めていた。これにより、クラカでは処理費用が削減され、イサミでは家畜に野菜を与えることで体重増加量が増え、肥育期間の短縮や飼料費の削減などの効果があった。このようにリサイクルへの取り組みは、相互にメリットを享受できることを明らかにした。

第2節　フードシステムの高度化に対する野菜販売の戦略

　本研究では食生活が大きく変化している中で、フードシステムの各主体である、生産者、JA、全農、卸売業者の事例分析を通じて、業務・加工用野菜の導入に対する方策について考察を進めてきた。具体策について以下の2

点に整理した。

　第1に、第1章であげたように業務・加工用は既存の栽培方法、販売方法とは異なるため、生産者にとっては積極的な対応が求められる。しかし、生産者だけでは品種の選別、栽培技術の習得、販売先の確保、与信管理など対応しきれない面もある。そこで、第2章、第3章であげたように、JAとの関係が不可欠である。JAの営農指導事業、販売事業によって、産地が育成されることは業務・加工用においても変わらない。

　また、卸売市場や中間事業者も産地の育成者として期待されている。第4章で上げたクラカの事例では、JA職員OBとの協働により栽培技術の講習会や検討会、先進事例の視察などを行っていた。そして、浜松ベジタブルの事例では生産者、中間事業者、実需者の三者による会議を月に一度開いており、生産者に対しては求める野菜の規格や品質を詳細に伝えることで、産地の栽培技術力を高めていた。このようにして、生産者が単独で業務・加工用野菜に取り組むのではなく、産地を育成してくれる良きパートナーとの協働により、取り組みが可能といえる。

　第2に、業務・加工用野菜の差別化である。加工業者は量の確保を最も重視するため、大産地や大規模農家を中心に契約取引を進めてきた。しかし、近年では量よりも高品質を求める業者も存在する。第4章で事例に挙げたJA遠州中央では、もともと小規模なキャベツ産地だったが、ほかの産地にはない高品質なキャベツを生産し、他の大産地とは差別化をすることにより、契約取引を継続できている。

　また、クラカの事例では、外国産の多いカット用タマネギの国産化を進めることで、収益を拡大している。もともとカット野菜は、他社との商品の差別化を図りにくいといわれているが、事例にみたような原材料の高品質化、国産化により販路を拡大することで、カット業者の経営安定になる。

　このように需要の増加している業務・加工用の導入は、生産者、JA、卸売業者にとって新たな戦略になるだけでなく、縮小傾向にある国内野菜生産の再興の契機になると考えられる。

あとがき

　本書『フードシステムの革新と業務・加工用野菜』は、2014年3月に岡山大学大学院で学位を授与された博士論文（学位授与番号：博甲第4993号）に加筆・修正を加えたものである。
　各章の基礎となった主要な論文は次の通りである。

第1章　業務・加工用野菜の特徴と取引の現状
　　坂知樹「業務・加工用野菜の普及による産地の振興とＪＡの役割」『協同組合奨励研究報告第三十七輯』pp.93-126、2011

第2章　産地における業務・加工用野菜の普及に関する現状と課題
　　坂知樹・小松泰信・横溝功「カット用野菜の契約栽培に取り組む産地の対応と課題」『農林業問題研究』第46巻、第2号、pp.90-95、2010

第3章　農業協同組合における業務・加工用野菜の産地への普及に関する役割
　　坂知樹「業務・加工用野菜の普及による産地の振興とＪＡの役割」『協同組合奨励研究報告第三十七輯』pp.93-126、2011

第4章　中間事業者としての卸売業者の販売戦略
　　坂知樹「国産業務・加工用野菜の生産・利用拡大に向けた卸売業者の経営戦略」『農林業問題研究』第48巻・第2号、pp.66-71、2012
　　坂知樹「ＪＡと食品関連事業者による協働型業務・加工用野菜産地の形成と展望」『農林業問題研究』第49巻、第2号、pp.132-137、2013

　業務・加工用野菜は、近年の食をめぐる変化の中で強く求められている研

究テーマの一つである。急激に需要が拡大したことで、それを誰がどのように生産・流通させるかが課題となっている。また、原料野菜には輸入品の割合が高いことから、国産品の割合を高めビジネスチャンスにしようとする動きもみられる。2013年自民党Jファイルの農業政策のなかでは、「機械化や規模拡大、流通の合理化等の生産流通体制の整備の推進により、今後10年間で加工・業務向け野菜出荷量の5割増加を目指す」としている。JAグループも同年12月に全農とキユーピーの合弁会社「グリーンメッセージ」を設立し、'15年5月にはカット野菜の製造・販売を開始する予定である。官民双方が、業務・加工用野菜への取り組みに意欲的な姿勢を示すようになった。

最近では新聞などにも取り上げられることが増え、注目を集めているが、業務・加工用野菜の契約栽培は新しいものではない。1876年には北海道でビール用麦の契約栽培が始まり、ホップ、タバコ、養蚕などに広まった。1955年から始まる高度経済成長は消費構造を変化させ、野菜のビン・缶詰や冷凍野菜などが普及した。それにより、業務・加工用野菜についての技術的、経済的な研究も広く行われていた。

このように大変重みのあるテーマにおいて、はたして本書がどれほどの研究成果を出すことができたのか、甚だ心許ないが、卸売業者によるカット野菜業への取り組みや、高品質業務・加工用野菜への取り組みなど、新たな動向について取り上げることができた。こういった情報を現場の方々に伝え、役に立つことができれば幸甚である。

そして、研究成果を結実させることができたのは、2007年の春以来ご指導を賜っている、小松泰信先生（岡山大学大学院環境生命科学研究科教授）、横溝功先生（岡山大学大学院環境生命科学研究科教授）のおかげである。

小松先生からは、経営学や農業協同組合論を基礎からご教示いただくとともに、幅広い見識や発想による分析など、多くのことを学ばせていただいた。厳しくも明快なご指導は筆者の支えとなり、研究活動を継続させることができた。さらに、本書の出版に関しても仲介の労を取っていただいた。心から

感謝申し上げたい。

　横溝先生には、経営学や経済学を基礎からご教示いただくとともに、データの分析や整理の方法など、多くのこと学ばせていただいた。優しくも研究には厳格なご指導は、研究における多くの課題とヒントを賜った。深く感謝申し上げたい。

　また駄田井久先生（岡山大学大学院環境生命科学研究科准教授）からも、院ゼミなどを通じて専門的見地からご指導を賜った。さらに、調査の中で多大なるご協力を賜った皆様にも衷心より感謝申し上げたい。

　現在は、長野県農協地域開発機構で研究職を得ることができた。そして、藤本人寿常務理事からは極めて良好な研究環境を与えていただいている。長野県は加工用トマトの生産が日本一であるなど、業務・加工用野菜に古くから取り組んでいる農業県であるため、より研究を深めるには絶好の場所と言える。今後も研鑽を積み、少しでも農業や地域の振興に貢献することで、これまでの多くの方々への学恩に報いたいと思う。

　最後になってしまったが、常に筆者を支え応援してくれた両親に心から感謝する。

2014年6月

坂　知樹

■著者略歴

坂　知樹（さか　ともき）

1986年　広島県生まれ
2009年　岡山大学農学部総合農業科学科卒業
2014年　岡山大学大学院環境学研究科博士後期課程修了
　　　　博士（学術）
2014年より一般社団法人長野県農協地域開発機構に研究員として勤務。

フードシステムの革新と業務・加工用野菜

2014年8月20日　初版第1刷発行

■著　者── 坂　知樹
■発行者── 佐藤　守
■発行所── 株式会社 大学教育出版
　　　　　〒700-0953　岡山市南区西市855-4
　　　　　電話(086)244-1268(代)　FAX(086)246-0294
■印刷製本── モリモト印刷(株)

© Tomoki Saka 2014, Printed in Japan
検印省略　落丁・乱丁本はお取り替えいたします。
本書のコピー・スキャン・デジタル化等の無断複製は著作権法上での例外を除き禁じられています。本書を代行業者等の第三者に依頼してスキャンやデジタル化することは、たとえ個人や家庭内での利用でも著作権法違反です。

ISBN978-4-86429-304-4